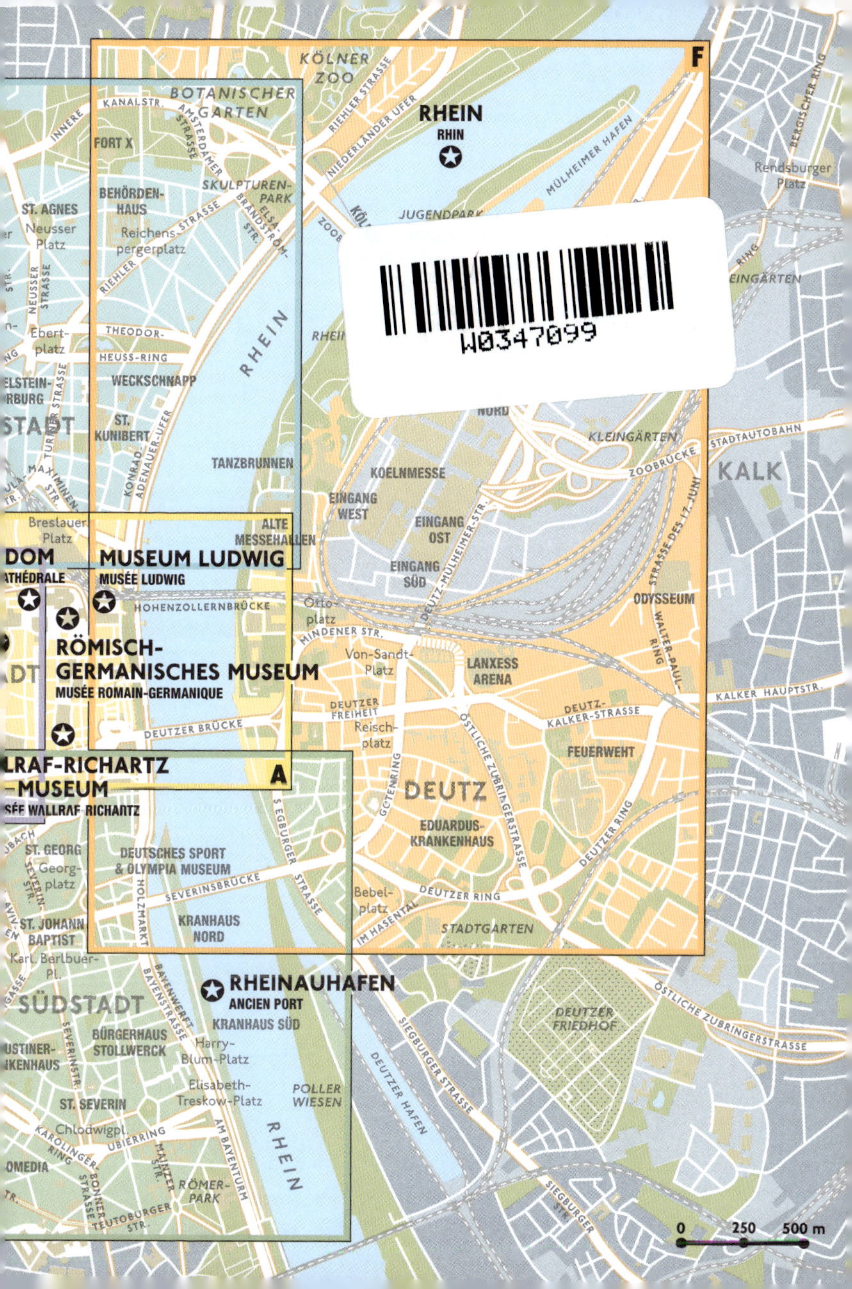
KÖLNER ZOO
F
BOTANISCHER GARTEN
KANALSTR.
AMSTERDAMER STRASSE
RIEHLER STRASSE
NIEDERLÄNDER UFER
RHEIN
RHIN
MÜLHEIMER HAFEN
BERGISCHER RING
Rendsburger Platz
INNERE
FORT X
SKULPTUREN-PARK
BEHÖRDEN-HAUS
ST. AGNES
Neusser Platz
Reichens-pergerplatz
ELSA-BRANDSTRÖM-STR.
ZOOBRÜCKE
JUGENDPARK
RIEHLER
NEUSSER STRASSE
RING
EINGÄRTEN
Ebert-platz
THEODOR-HEUSS-RING
RHEIN
WECKSCHNAPP
TURINER STRASSE
STADT
ST. KUNIBERT
KONRAD-ADENAUER-UFER
TANZBRUNNEN
NORD
KLEINGÄRTEN
STADTAUTOBAHN
ZOOBRÜCKE
KALK
KOELNMESSE
MAXIMINEN-STR.
Breslauer Platz
EINGANG WEST
EINGANG OST
DEUTZ-MÜLHEIMER-STR.
STRASSE DES 17. JUNI
ALTE MESSEHALLEN
DOM
MUSEUM LUDWIG
MUSÉE LUDWIG
EINGANG SÜD
HOHENZOLLERNBRÜCKE
Otto-platz
ODYSSEUM
MINDENER STR.
RÖMISCH-GERMANISCHES MUSEUM
MUSÉE ROMAIN-GERMANIQUE
Von-Sandt-Platz
LANXESS ARENA
WALTER-PAUL-RING
KALKER HAUPTSTR.
DEUTZER FREIHEIT
DEUTZ-KALKER-STRASSE
Reisch-platz
DEUTZER BRÜCKE
ÖSTLICHE ZUBRINGERSTRASSE
FEUERWEHT
GOTENRING
A
DEUTZ
SIEGBURGER STRASSE
EDUARDUS-KRANKENHAUS
ST. GEORG
Georg-platz
SEVERIN-STR.
DEUTSCHES SPORT & OLYMPIA MUSEUM
DEUTZER RING
SEVERINSBRÜCKE
Bebel-platz
DEUTZER RING
HOLZMARKT
ST. JOHANN BAPTIST
KRANHAUS NORD
IM HASENTAL
STADTGARTEN
Karl-Berlbuer-Pl.
RHEINAUHAFEN
ANCIEN PORT
SÜDSTADT
BAYENWERFT
BAYENSTRASSE
KRANHAUS SÜD
DEUTZER FRIEDHOF
ÖSTLICHE ZUBRINGERSTRASSE
BÜRGERHAUS STOLLWERCK
Harry-Blum-Platz
SEVERINSTR.
DEUTZER HAFEN
Elisabeth-Treskow-Platz
POLLER WIESEN
ST. SEVERIN
SIEGBURGER STRASSE
Chlodwigpl.
UBIERRING
KAROLINGER-RING
MAINZER STR.
AM BAYENTURM
RHEIN
BONNER STRASSE
RÖMER-PARK
TEUTOBURGER STR.
SIEGBURGER STR.
0
250
500 m

BAS LES MASQUES !

Pour se fondre dans la foule durant les six jours qui précèdent le mardi gras à Cologne, enfiler un déguisement intégral ! Selon une tradition médiévale, toute la ville se consacre aux festivités pour lesquelles un comité d'organisation a même été créé en 1823. À ne pas rater : le défilé de chars du *Rosenmontag* (lundi des Roses) qui caricature les personnalités politiques et la distribution de bonbons aux *Jecke* (carnavaleux). Chansons en dialecte et bière au programme !

CARNAVAL

PHILHARMONIE

Lancement des préparatifs du carnaval.

Cologne Fine Arts (CoFA)
→ *Fin nov.*
Foire d'antiquités et d'art contemporain.

Décembre

Weihnachtsmärkte
→ *De fin nov. jusqu'à Noël*
Une vingtaine de marchés de Noël, dont 7 principaux (voir page *Vivre à l'heure de Cologne*).

SE REPÉRER

Glossaire
Strasse : rue ; *Gasse* : ruelle ; *Ring* : boulevard circulaire ; *Brücke* : pont ; *Tor* : porte ; *Kirche* : église ; *Viertel* : quartier ; *Bahnhof* : gare ; *U-Bahn* : métro-tram

HORAIRES

Heures d'ouverture
Durant le carnaval, la plupart des bureaux, musées et commerces ferment ou réduisent leurs horaires, en particulier le lundi.

Grands magasins
→ *En général, lun.-sam. 9h-20h*

Boutiques
→ *En général, lun.-sam. 10h-18h*

Musées
→ *En général, mar.-dim. 10h-18h Jusqu'à 22h le 1er jeu. du mois (musées municipaux)*

Repas
Petit déj. : 9h-11h
Déjeuner : 12h-14h
Dîner : 19h-21h

Sorties
Cafés ouverts jusqu'à 1h. Le w.-e., discothèques et bars ouverts jusqu'au départ du dernier client !

BUDGET

Argent

Cartes bancaires
Rarement acceptées, prévoir d'avoir toujours du liquide sur soi.

Distributeur (Geldautomat)
Dans les banques. Attention, ils sont assez mal indiqués.

Budget
Une chambre dans le centre : 70-120€
Un repas copieux dans une brasserie : 9-20€
Un café : 2,50€
Une bière (0,2l) : 1,80€
Une entrée au musée : 5-12€
Une entrée en club : 15€

SE RESTAURER

Établissements

Brauhaus
Brasseries à l'aspect rustique, la plupart brassent leur propre bière.

Kneipe, Kaffee und Kuchen
Cafés, où l'ont sert des petits plats toute la journée, des petits déjeuners *(Frühstück)* copieux, des gâteaux.

Plats typiques
Himmel un Ääd : écrasé de pommes de terre et de

ARCHITECTURE

Époque romaine (Ier-IVe s.)
Architecture militaire à l'appareil élaboré : **Römerturm**, au croisement de la Sankt-Apern-Str. et de la Zeughausstr. (**B** C1). Vestiges d'habitations : **Prätorium** (**A** C3)

Époque ottonienne (Xe-début XIe s.)
Sous Otton Ier, II et III : inspiration carolingienne et byzantine, vastes nefs, transepts marqués, bas-côtés amples. **St. Pantaleon** (**C** B2), dotée d'un "massif occidental" (*Westwerk*) : haute structure quadrangulaire entre deux tours.

Style roman-rhénan (XIe-XIIIe s.)
Abside tréflée, arcatures aveugles, voûtes à piliers. **St. Andreas** (**A** A2)

Style gothique (XIIIe-XVe s.)
Flèches, contreforts élancés, arcs-boutants, pignons à redans... **Dom** (**A** B2), **Gürzenich** (**A** B4)

Style Renaissance (XVIe s.)
Influence italienne : portique à deux niveaux de la façade du Rathaus, l'hôtel de ville (**A** C3) ; maisons (reconstruites) du Fischmarkt (**A** D3).

Époque contemporaine (XXe-XXIe s.)
Très présente et fonctionnelle : lignes épurées, recherche de transparence (verre). Intègre les ruines de la ville. **Kranhäuser** (**C** E2), église **Neu St. Alban** (**D** D1)

FAÇADE SUR ROONSTRASSE

CARTE DE VISITE

- En allemand : Köln
- 4e ville d'Allemagne
- 405 km^{2}
- 1 million d'habitants
- 1re ville universitaire d'Allemagne
- Hiver froid : 5 °C jan. ; été doux : 23 °C août
- Fleuve : le Rhin (Rhein)

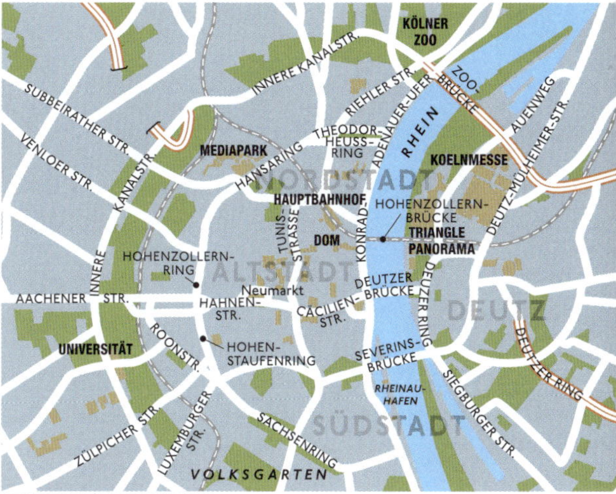

POINTS DE REPÈRES ET QUARTIERS

INTERNET

Cologne en ligne
→ *www.koeln.de*
Site officiel de la ville de Cologne, en allemand et en anglais.
→ *www.cologne-tourism.com*
Site de l'office de tourisme, aussi en anglais.
→ *www.koelnmesse.de*
L'actualité des foires et salons.
Wifi
Dans la plupart des cafés.
Café Internet
Giga-Center (**D** D3)
→ *Hohenzollernring 7-11*
Tlj. 24h/24
Au 2e étage d'une salle de jeux vidéo.

INFORMATIONS TOURISTIQUES

Office de tourisme (A B2)
→ *Kardinal-Höffner-Platz 1*
Tél. 0221 34 64 30
Lun.-sam. 9h-20h, dim. 10h-17h

TÉLÉPHONE

France-Cologne
→ *00 49 + n° de tél. sans le 0*
Cologne-France
→ *00 33 + n° de tél. sans le 0*
Urgences
→ *112*
Police
→ *110*

CALENDRIER

Jours fériés
→ *1er jan., ven. saint, lun. de Pâques, 1er mai, jeu. de l'Ascension, lun. de Pentecôte, Fête-Dieu, 3 oct. (Fête nationale), 1er nov., 11 nov. (début du carnaval), 25-26 déc.*
Janvier
Karnevalssitzungen
→ *Nov.-fév.*
Bals costumés, petits concerts, et préparatifs du carnaval.
Passagen
→ *Mi-jan.*
Semaine du design.
Février
Carnaval
→ *Les 6 jours précédant mardi gras*
Dans les rues, les bars...
Mars
lit.COLOGNE
→ *Mi-mars*
Festival de littérature.
Avril-mai
Art Cologne
→ *5 j. à la mi-avr.*
Foire internationale d'art moderne et contemporain.
Acht Brücken - Musik für Köln
→ *1 semaine fin avr.-déb. mai*
Concerts. Musique contemporaine, électro...
Hänneschen Kirmes
→ *2e w.-e. de mai*
Fête du théâtre de marionnettes de Cologne.
Photokina
→ *4 j. 3e sem. de mai (1 année sur 2)*
Foire de la photographie, expos.
Juillet
Sommer Köln
→ *Tout le mois*
Arts de la rue.
Cologne Pride
→ *1er w.-e.*
Gay pride.
Kölner Lichter
→ *Mi-juil.*
Pyrotechnie sur le Rhin.
Août
c/o pop Festival
→ *1 semaine mi-août*
Concerts électro-pop.
Octobre
Köln Marathon
→ *Début oct.*
42,195 km au bord du Rhin ! Course à pied, à vélo, à main et en rollers.
Köln Comedy
→ *Mi-oct. à début nov.*
Festival d'humour (théâtre, cinéma) organisé par RTL.
Novembre
Lange Nacht der Kölner Museen
→ *1 sam. soir début nov.*
Nuit des musées.
Eröffnung der Kölner Karnevalssession
→ *Le 11 à 11h11*

Les incontournables

Les 10 lieux de visite à ne manquer sous aucun prétexte !

Dom (A B2)
Épargnée par les bombes en 1945, la cathédrale de Cologne, classée sur la Liste du patrimoine mondial par l'Unesco, impressionne toujours, géante et sombre. Bâtie au XIIIe s. à l'initiative de l'archevêque Konrad von Hochstaden pour abriter les reliques des Rois mages, elle constitue encore un lieu de pèlerinage important. Après avoir grimpé les 533 marches des tours, les visiteurs les plus motivés jouiront d'un point de vue splendide. Concerts d'orgues très appréciés.

Museum Ludwig (A C2)
Tout en verre et en zinc, l'immense musée Ludwig se repère de loin ! Les grands courants de l'art du XXe s. y sont représentés : cubisme, surréalisme, pop art, Die Brücke, suprématisme et constructivisme russes, Fluxus. Coup de cœur pour le *Rendez-vous des amis* (1922) de Max Ernst et pour *M-maybe* (1965) de Roy Lichtenstein. Expositions temporaires à la hauteur de la collection permanente.

Römisch-Germanisches Museum (A C2)
Derrière la grande baie vitrée du Musée romain-germanique, l'immense mosaïque de Dionysos happe l'attention des passants. Stèles, verreries, bustes et vases éblouissent d'autant plus que la muséographie vermillon dépoussière l'Antiquité ! On remarque ici combien la ville met en valeur Colonia, la capitale romaine à l'origine de Cologne.

Wallraf-Richartz Museum (A C3)
L'envergure culturelle de Cologne se mesure également au "Wallraf", consacré à la peinture, du Moyen Âge au XIXe s. Dans des salles thématiques aux couleurs audacieuses, les œuvres de Lochner, Rubens, Dürer, Van Gogh ou Munch émerveillent.

Kolumba (B F2)
Kolumba, à l'architecture hors du commun ! Ses murs blancs percés éclairent, à l'intérieur, des vestiges antiques surmontés par l'ancienne chapelle Sainte-Colombe. Un écrin de choix pour la précieuse collection d'art de l'archevêché, que côtoient des expositions temporaires d'art chrétien d'avant-garde. Ne pas manquer la croix d'Erp (1150) ou la *Madone aux violettes* de Stefan Lochner (avant 1450).

MAKK (B F2)
La section Design du musée des Arts décoratifs révèle les liens entre art contemporain et objets de design industriel. Ainsi se confrontent des toiles de Mondrian, le courant De Stijl et le Bauhaus. L'autre partie de la collection permanente illustre les arts appliqués du Moyen Âge au XIXe s. À voir : les meubles de Karl Friedrich Schinkel (1781-1841), et, plus anecdotique, le petit piano-nécessaire à toilette (1820).

Rheinauhafen (C E2)
La zone architecturale la plus intéressante de Cologne : dans les années 1970, il fut décidé que ce port du XIXe s. deviendrait un quartier de bureaux, habitations et musées ; décision que Londres, Hambourg et Düsseldorf prirent aussi à la même période. Quelques anciens locaux ont été réaménagés dans le respect de l'esprit d'origine, comme le musée du Chocolat installé dans l'ancien service des douanes, ou le Siebengebirge, entrepôts aux "sept montagnes" (leurs toits). Les trois Kranhaüser (2010), littéralement "maisons grues", demeurent la principale curiosité architecturale de ce Rheinauhafen... bientôt symboles de la ville ?

St. Pantaleon (C B2)
Le quartier de Saint-Pantaléon pourrait s'avérer dénué d'intérêt sans cette ancienne abbatiale aux airs byzantins. Entourée d'un jardin paisible, elle se démarque des autres églises romanes par ses deux tours cylindriques. Chaque époque a apporté sa pierre à l'édifice : nefs des Xe-XIIe s., jubé gothique, chœur baroque.

St. Gereon (E B4)
À l'écart des sentiers battus de la Kölner City et à la lisière de la Nordstadt plus résidentielle, la basilique Saint-Géréon vaut le détour. Bâtie sur un plan décagonal extrêmement rare, on la compare souvent à Sainte-Sophie d'Istanbul. Très belle coupole asymétrique or et vermillon, et vitraux (1974) signés par Georg Meistermann, artiste de la région qui a œuvré dans toute l'Europe.

Rhein (F B2)
Le Rhin traverse Cologne de part en part et forme une vraie frontière : sur la rive gauche, le centre-ville, l'animation, le tourisme ; sur la rive droite, des quartiers résidentiels, les aires de foire et les zones commerciales. Les trois ponts, Hohenzollern brücke (**F** A4), piéton, Deutzer Brücke (**F** A5) et Severinsbrücke (**C** E2), font le lien. Entre eux, le fleuve est à longer sur les promenades qui le bordent, à contempler de la terrasse d'un des nombreux *Biergarten* qui s'y installent l'été, ou à emprunter en bateau !

Se repérer à Cologne

A Dom / Altstadt

B Kölner City / Neumarkt

C Altstadt Süd / Südstadt / Severinsviertel

D Ehrenfeld / Belgisches Viertel / Universität

E Altstadt Nord / Agnesviertel / Nordstadt

F Deutz / Kalk

BIENVENUE À...
Cologne !

Son eau de parfum est dans tous les esprits, mais, une fois arrivé à Cologne, on l'oublierait presque... Le cours du Rhin, qui traverse majestueusement la ville, marque bien davantage le paysage et la vie quotidienne. On flâne sur ses berges, on y plante son parasol, on traverse le fleuve pour se rendre aux grandes foires, on y fait du bateau...

L'ancienne colonie romaine (Colonia), située à la croisée des chemins de l'Europe, conserve les traces de temps meurtris et d'époques fastes. Les nombreuses basiliques romanes et l'imposante cathédrale gothique (Dom) témoignent de la puissance de l'Église en ces terres germaniques. Et la richesse des religieux, des commerçants et des industriels de la ville se découvre dans les collections des musées (Wallraf, Ludwig, MAKK). L'effervescence culturelle n'a ici jamais cessé, curieuse d'avant-garde, qu'il s'agisse de musique, d'art contemporain ou d'architecture.

Cologne, c'est aussi une atmosphère de village, à découvrir dans le charmant quartier de la basilique Saint-Géréon ou dans la Südstadt, royaume des trattorias. Les étudiants ont opté pour l'Ouest, non loin d'Ehrenfeld, vivier d'artistes et de stylistes. Ils donnent le rythme aux soirées, passées entre brasseries et petits concerts, mais nécessairement arrosées de *Kölsch*, la bière locale ! L'ambiance festive atteint son apogée lors du carnaval, symbole de la bonne humeur des Colonais. Avec Cartoville, la ville s'ouvre à vous !

RHEINAUHAFEN / KRANHAÜSER

KOLUMBA

WALLRAF-RICHARTZ MUSEUM

RÖMISCH-G. MUSEUM

DOM

ODONIEN

→ *Obenmarspforten 21*
un.-sam. 10h-19h, dim. 11h-17h
'authentique, à la
ergamote et au néroli.
ufthaus 4711 (B E2)
→ *Glockengasse 4*
un.-sam. 11h-17h
Une version différente,
orte en lavande et en
omarin.
Boutiques
Rues commerçantes
Grandes marques sur
Neumarkt (**B** C3),
Schildergasse (**B** E3), Hohe
Strasse (**A** B3) et Breite
Strasse (**B** D2).
Créateurs
Brüsseler Str. (**D** C3),
Limburger Str. (**D** C3-D3),
Pfeil Str. (**B** B3).
Galeries d'art
Quartier belge (**D** D3),
Schaafenstr. (**B** B4), Sankt-Apern-
Str. (**B** C2) et Drususgasse
(**A** A2).
Centres commerciaux
Du Mont-Carré (B D2)
→ *Neven-DuMont-Str. 1*
Lun.-sam. 10h-20h
Köln Arcaden
(hors plan **F** D5)
→ *Kalker Hauptstr. 55 Lun.-sam. 10h-20h (22h ven.-sam.)*
Marchés
St. Aposteln Markt (B B3)
→ *Apostelnkloster*
Mar., ven. 7h-13h
Marché alimentaire.
Ökomarkt (C D3)
→ *Severinskirchplatz*
Mar., ven. 10h-18h
Marché bio.

SPORT

Football
Pour soutenir l'équipe du FC-Köln.
RheinEnergie Stadion
(hors plan **D** A4)
→ *Aachener Str. 999*
Tél. 0221 71 61 61 50
www.koelnersportstaetten.de
Hockey sur glace
Lanxess-Arena (F C5)
→ *Willy-Brandt-Platz 3*
Tél. 0221 80 21
www.lanxess-arena.de

COLOGNE AUTREMENT

En bateau
Dampfschiffahrt Colonia (F A4)
→ *Départ Hohenzollernbrücke*
Tél. 0221 257 42 25
Avr.-oct. : lun.-ven. 13h-17h, w.-e. 11h30-17h Ttes les 1h30
www.dampfschiffahrt-colonia.de
Visites guidées sur le Rhin.
KD
→ *Tél. 0221 208 83 18 Avr.-oct. www.k-d.com*
Croisière entre Cologne, Koblenz et Mainz.
En bus
Kölner City Tour
→ *Tél. 0224 766 87*
Tlj. 10h-17h
www.citytour.de
"Hop on-hop off" : possibilité de descendre ou de monter dans le bus à toutes les stations.

TENDANCE(S)

Café
S'il a longtemps été compliqué de trouver ici du bon café, les torréfacteurs et les *Kaffeeladen* se multiplient à présent, au grand bonheur des amateurs !
→ ***Heilandt :*** *Bismarckstr. 41* (**D** C3) ;
Espresso Perfetto : *Kolumbastr. 8* (**A** A3)
Eau de Cologne
Désuète, l'eau de Cologne ? Plus du tout ! Après une traversée du désert, elle renaît. Simple, authentique, donc au goût du jour !
→ *Là où tout a commencé :* ***Farina-Haus Duftmuseum*** (**A** B3)
Design
Talentueux jeunes créateurs allemands ! Pour rester à la page : **Design Post (F** C4). Le moment fort de l'année : les *Passagen*, une semaine mi-janvier pendant laquelle Cologne vit pour le design (infos : *www.voggenreiter.com*).
Microbrasseries
Au pays de la bière, la tendance est aux microbrasseries ! À la brasserie **Heller (D** D5), par exemple, on produit de petites quantités d'une dizaine de bières biodynamiques.
Lieux multicartes
De vastes espaces, un esprit alternatif, des idées et un grain de folie : voilà la recette de ces adresses courues autant pour leurs terrasses que pour leur programmation artistique et leurs soirées festives !
→ ***Bürgerhaus Stollwerck*** (**C** E3) ; ***Odonien*** (**E** A2)

VUE SUR LE DOM, DU TRIANGLE PANORAMA

MUSIQUE !

Des grands ensembles (le Gürzenich et celui de la radio rhénane WDR, tous deux en résidence à la **Philharmonie**) reconnus internationalement, un opéra et une école de musique qui attirent les mélomanes : Cologne vibre aux sons de la musique classique. Aussi laboratoire de nouveautés, elle a vu naître la musique électroacoustique dans les années 1950 et poursuit sa quête avec le festival électro "c/o pop" qui attire chaque année près de 35 000 spectateurs.

pommes, avec du boudin noir.

Rievkooche, *Reibekuchen* : galettes de pommes de terre.

Decke Bunne mit Speck : gros haricots blancs et lard.

Soupes

Dans la plupart des lieux de restauration, possibilité de manger de très bonnes soupes de légumes (au potiron, à la pomme de terre...). Peu onéreux et léger !

Boulangeries

Plusieurs chaînes de *Bäckerei* (BackWerk, Kamps...), ainsi que des artisans chez qui l'on peut trouver de délicieux *Brötchen*, petits pains individuels parfois transformés en sandwichs, des bretzels et les nombreuses variétés de pain noir (*Schwarzbrot*).

Régimes particuliers

Grand respect pour les végétariens, végétaliens, et intolérants au gluten.

Eaux et jus

Les Allemands préfèrent boire pétillant. Pour de l'eau plate, préciser : *"stilles Wasser"*. Le jus de pomme (*Apfelsaft*) à l'eau gazeuse s'appelle *Apfelschorle*.

Pourboire

On peut laisser une pièce au serveur au moment de régler l'addition, mais en main propre. La note est souvent calculée à la hâte sur un sous-bock ou un morceau de papier quelconque ; pour obtenir une vraie addition, demander la facture *(die Rechnung)*.

VISITES

Visites guidées

Office de tourisme (**A** B2)
→ *Kardinal-Höffner-Platz 1*
Tél. 0221 34 64 30
Lun.-sam. 9h-20h, dim. 10h-17h
www.cologne-tourism.com

Visites thématiques : la Vieille Ville, les brasseries, le Rheinauhafen, les souterrains de Cologne, ou encore une plongée dans les grandes affaires criminelles de la ville. Renseignements en ligne.

KölnCard

→ *9€/24h*

En vente à l'office de tourisme ou aux guichets de l'U-Bahn. Transports en commun illimités, réductions dans les musées (50% en général), certaines boutiques et activités touristiques (bateaux, bus, vélos).

Réductions

Moins de 18 ans

Entrée gratuite ou réductions dans les musées municipaux.

MuseumsCard

→ *18€/48h*

Transports en commun illimités (le 1er jour) et gratuité dans les 10 musées municipaux (Wallraf-Richartz Museum, Prätorium, Museum Ludwig, etc.).

Usages

Photos souvent interdites dans les musées. Vestiaire gratuit obligatoire dans la plupart des lieux de visite.

SORTIES

Ville étudiante et culturelle, Cologne possède une vie nocturne riche : bars, concerts, opéra, théâtres, cinémas...

Programmes

Dans les mensuels *Kölner Illustrierte* (*www.koelner.de*), *StadtRevue* (*www.stadtrevue.de*) ou en ligne sur *www.prinz.de/koeln*

Guichet de réservation

Office de tourisme (**A** B2)
→ *Kardinal-Höffner-Platz 1*
Lun.-sam. 9h-20h, dim. 10h-17h

SHOPPING

Eau de Cologne

Farina-Haus Duftmuseum (**A** B3)

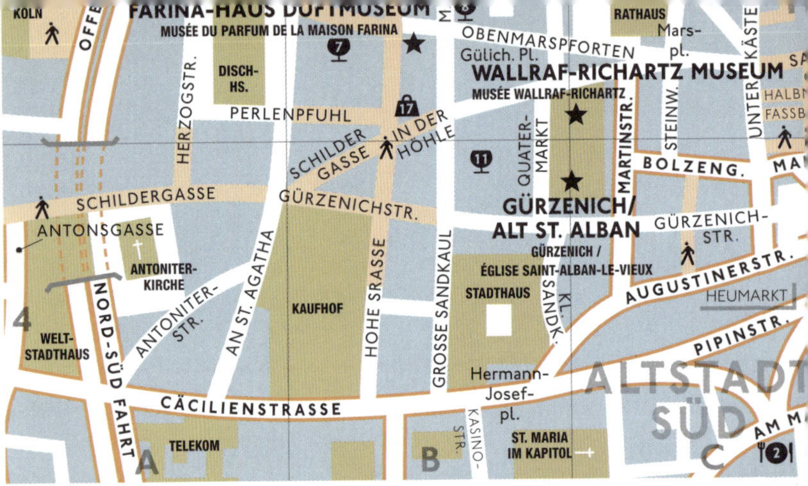

GROSS ST. MARTIN

PRÄTORIUM

ALT ST. ALBAN

★ Dom B2

→ *Cathédrale Mai-oct. : lun.-sam. 6h-21h, dim. 13h-16h30 ; nov.-avr. : lun.-sam. 6h-19h30, dim. 13h-16h30* ***Flèches*** *Tlj. 9h-18h (17h mars-avr., oct. ; 16h nov.-fév.)*

Du haut de ses flèches de 157 m – achevées seulement en 1880 –, le Dom, édifié à partir de 1248, illustre à la perfection le style gothique, et ne cède en ampleur qu'aux cathédrales de Milan et de Séville. À l'intérieur, vitraux ajoutés au fil du temps, jusqu'en 2007 pour les carrés de couleurs symétriques de G. Richter. Dans le croisillon sud, intimidante statue de saint Christophe (1470). Non loin, triptyque de Stefan Lochner (v. 1445) représentant les saints patrons de la ville. Derrière l'autel principal, massive châsse des Rois mages, pour laquelle le sanctuaire a été construit.

Domschatzkammer

→ *Tlj. 10h-18h*

Trésors d'art sacré dans la crypte, admirablement aménagée.

★ St. Andreas A2

→ *Komödienstrasse 8*
Tél. 0221 16 06 60
Tlj. 7h30 (8h30 w.-e.)-18h

Saint-André, église romane (XIIIe-XVe s.) dotée d'un chœur gothique flamboyant, foisonne de fresques murales, comme la *Vie de la Vierge* dans la chapelle nord. À voir côté sud, le retable de *La Vierge au manteau* (v. 1510) et dans la crypte, un sarcophage du IIIe s. qui abrite les reliques de saint Albert (1200-1280).

★ Museum Ludwig C2

→ *Heinrich-Böll-Platz*
Tél. 0221 22 12 61 65 Mar.-dim. 10h-18h (22h 1er jeu. du mois)

Une encyclopédie de l'art du XXe s., constituée grâce au legs d'un industriel de la ville. S'y trouve la plus grande collection de pop art hors États-Unis (Warhol, Lichtenstein, Rosenquist). Également, tableaux de Picasso, comme son *Arlequin les mains croisées*, Ernst, Matisse et Léger, œuvre mouvement Die Brücke Bauhaus, de l'Avant-gar russe et de peintres colo

★ Römisch-Germanisches Museum C2

→ *Roncalliplatz 4*
Tél. 0221 22 12 44 38
Mer.-lun. 10h-18h

Le parcours de ce musé archéologique débute à l'extérieur, d'où l'on pe admirer la mosaïque de Dionysos (220-230 apr. mar.-dim. 10h-17h), ves de Colonia Claudia, et le mausolée d'un légionn (40 apr. J.-C.). Magnifiq muséographie : stèles

Tous les chemins mènent à la cathédrale (Dom) ! Ses deux flèches dominent la ville, à deux pas du Rhin aux rives tranquilles. Dans les rues alentour se succèdent les grands musées, dotés de collections de tout premier plan, et dont l'architecture est le fruit du long travail de reconstruction d'après-guerre. C'est aussi dans la Vieille Ville que se dressent l'Opéra (1957) et la Philharmonie (1986), qui assurent la renommée musicale de Cologne. Entre deux visites, on fera halte dans les boutiques de la Hohe Strasse ou dans les *Brauerei* traditionnelles (brasseries) et les *Kaffee und Kuchen* (salons de thé) les plus chics.

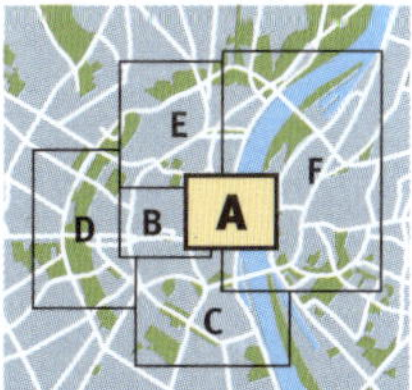

FRÜH

EM KRÜTZCHE

RESTAURANTS

Beirut D3 1
→ *Buttermarkt 3*
Tél. 0221 258 15 39
Tlj. 12h-0h
Il y a toujours foule chez Beirut, pour ses houmous, falafels, et *chich taouk* libanais. Plats à emporter. Plat 5,50-18€.

Malzmühle C4 2
→ *Heumarkt 6*
Tél. 0221 92 16 06 13
Tlj. 11h30-0h (1h30 ven.-sam. ; 23h dim.)
Une *Brauhaus* appréciée par la population locale pour sa cuisine simple et sa bière savoureuse. Y goûter notamment le *Suurbroode* : bœuf braisé, boulettes de pommes de terre et compote de pommes. Plat 11-18€.

Früh B2 3
→ *Am Hof 12*
Tél. 0221 261 32 11
Tlj. 11h (10h w.-e.)-0h
Véritable institution, Früh possède plusieurs restaurants à Cologne et brasse sa propre bière. Sur la vaste terrasse fleurie et au rez-de-chaussée, ambiance traditionnelle et service efficace. Atmosphère plus sélecte au 1er étage. Plat 10-24,50€.

Peters Brauhaus C3 4
→ *Mühlengasse 1*
Tél. 0221 257 39 50
Tlj. 12h-15h, 17h-21h30
Dans cette brasserie au vitrail années 1930 et aux peintures de scènes de la vie colonaise, on déguste des mets bien d'ici : *Himmel un Ääd* (boudin noir, pommes de terre et compote de pommes) et *Decke Bunne met Speck und Salzkartoffeln* (haricots blancs, lard et pommes de terre). Plat 11-20€.

Rheinzeit C2 5
→ *Grosse Neugasse 42*
Tél. 0221 94 64 53 26
Tlj. 11h-0h (1h ven.-sam.)
Une terrasse au bord de l'eau et des tables en bois clair, mais aussi un arbre trônant au milieu de la salle : voilà un restaurant pas comme les autres ! Au menu, *Flammkuchen*, plats d'inspiration méditerranéenne et délicieuses pâtes aux girolles. Plat 12-22€.

Em Krützche D2 6
→ *Am Frankenturm 1*
Tél. 0221 258 08 39
Mar.-dim. 10h-22h
Sur les rives du Rhin, cette brasserie version chic sert une cuisine de saison, fine et élaborée :

DOM

DOMSCHATZKAMMER

ST. ANDREAS

▲ Plan 6

TBAR

PHILHARMONIE

KÖLN TOURISMUS

canard découpé devant les clients, saumon persillé… Plat 22,50-27,50€.

CAFÉS, BARS

Café Konditorei Eigel B3 7
→ *Brückenstrasse 1-3*
Tél. 0221 257 58 58
Lun. 11h-17h, mar.-sam. 10h-17h (18h sam.)
Pâtisserie design où les gourmand(e)s s'accordent, entre deux boutiques, une douceur maison. Accompagnée d'un thé, d'un café ou d'un chocolat fumant…

Fassbender - Café Jansen B3 8
→ *Obenmarspforten 7*
Tél. 0221 272 73 90
Tlj. 10h-18h
Kaffee und Kuchen rococo, avec son panel de boissons chaudes, et une confiserie pour emporter de petits cadeaux.

Café Reichard B2 9
→ *Unter Fettenhennen 11*
Tél. 0221 257 85 42
Tlj. 8h30-20h
Avec le Dom en point de mire, pause pâtisserie dans ce grand café (1905) aux lustres miroitants. Large terrasse.

Kunstbar C1 10
→ *Chargesheimerplatz 1*
Tél. 0172 527 98 45
Mar.-jeu. 19h-dernier client, ven.-sam. 20h-dernier client
Chaque année, ce bar est redécoré du sol au plafond par un nouvel artiste ! Une originalité qui se retrouve aussi dans la carte des cocktails.

Wiener Steffie B3 11
→ *Quatermarkt 5*
Tél. 0221 257 68 00
Ven.-sam. à partir de 20h
Pour découvrir ce que faire la fête en Allemagne signifie, quitte à risquer un petit choc culturel ! *Shlager*, pop songs allemandes, reprises à la cantonade ; célébrations du carnaval et enterrements de vie de garçon.

CONCERTS

Philharmonie C2 12
→ *Bischofsgartenstr. 1*
Tél. 0221 20 40 80
www.koelner-philharmonie.de **Billetterie** *Roncalliplatz Dans le Römisch-Germanisches Museum Lun.-sam. 10h-18h (16h sam.)*
Une des plus belles salles de concerts d'Allemagne, à l'acoustique parfaite. Musique classique, jazz, ballets et comédies musicales.

Papa Joe's Jazzlokal D3 13
→ *Buttermarkt 37*
Tél. 0221 257 79 31
Tlj. 19h30-1h
Dans le plus vieux club de jazz allemand, les petits concerts affichent tous les soirs complet ! Au mur, vieilles photos et saxophones suspendus, et au sous-sol, une mosaïque romaine. À deux pas, le Papa Joe's Biersalon propose une programmation plus folklorique, dans le même esprit convivial *(Alter Markt 50-52 Tlj. 11h-1h)*.

SHOPPING

Köln Tourismus B2 14
→ *Kardinal-Höffner-Platz 1*
Tél. 0221 34 64 30
Lun.-sam. 11h-17h, dim. 10h-14h
Une bonne surprise : on peut dégoter à l'office de tourisme de petits souvenirs colorés et tester les deux eaux de Cologne produites en ville.

Galerie Boisserée A2 15
→ *Drususgasse 7-11*
Tél. 0221 257 85 19
Mar.-ven. 10h-18h, sam. 11h-15h
Picasso, Miró, Louise Bourgeois, Warhol… Les plus grands noms du XXe s., en grands ou petits formats (croquis, dessins, gravures).

Espresso Perfetto A3 16
→ *Kolumbastrasse 8*
Tél. 0221 271 08 00
Lun.-sam. 8h-19h
Cafetières italiennes, tasses en porcelaine et café fraîchement moulu. À déguster sur place : le meilleur expresso de Cologne, accompagné de pâtisseries.

Hohe Strasse B2-B4
Les grandes chaînes se concentrent sur la rue commerçante la plus fréquentée de la ville.

Kaufhof B4 17
→ *Tél. 0221 22 30*
Lun.-sam. 9h30-20h
Aux nos 41-53, grand magasin allemand où l'on trouve tout, y compris une épicerie fine.

Nussknacker Haus D3 18
→ *Buttermarkt 13-15*
Tél. 0221 257 09 80
Lun.-sam. 12h-18h
Ici sont vendus les authentiques *Räuchermännchen*, petits bonshommes en bois fumant la pipe, souvent offerts à Noël, fabriqués artisanalement dans l'Erzgebirge, la région des monts Métallifères.

EUM LUDWIG

RÖMISCH-GERMANISCHES MUSEUM

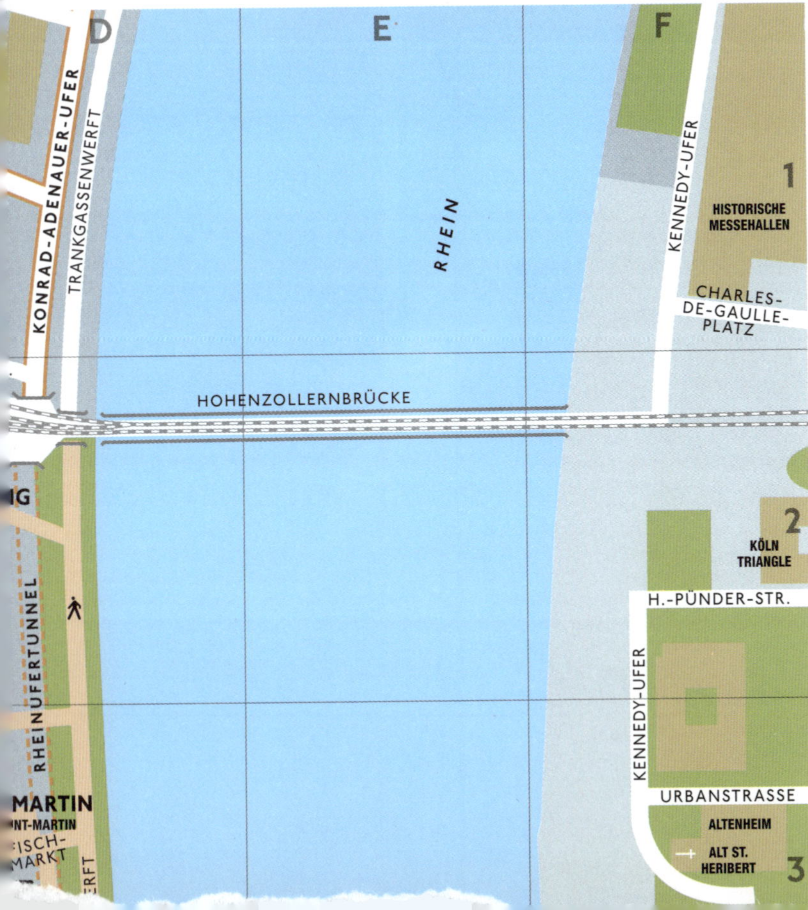

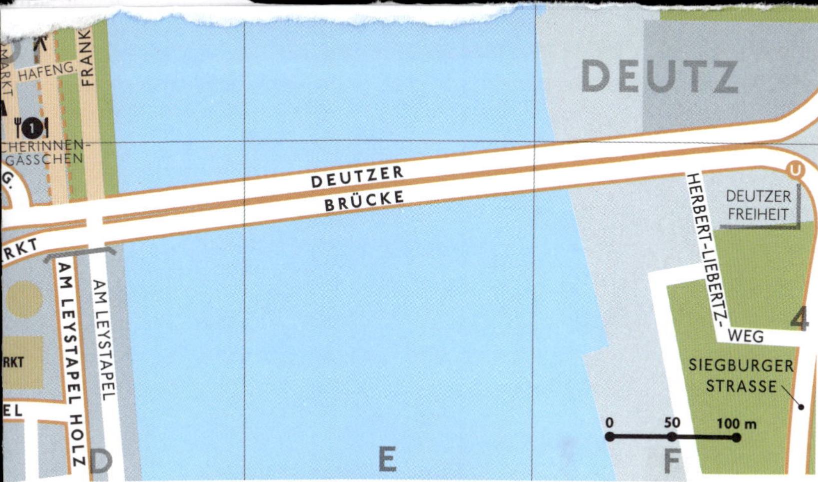

◄ Plan C

...LRAF-RICHARTZ MUSEUM

FARINA-HAUS DUFTMUSEUM

...raires colorées comme à
...oque et une *Méduse*
...ifiante !

Gross St. Martin C3
...n Gross St. Martin 9
...0221 27 79 47 47 Mar.-dim.
...(10h w.-e.)-19h30
...se romane bâtie au Xe s.
...un plan en forme de
...e, reconstruite après
...5. Quelques mosaïques
...IXe s.

Prätorium C3
...leine Budengasse 2 Fermé
...r travaux jusqu'en 2024
...isite des fondations du
...is du Préteur (Ier-IVe s.)
...net de se représenter la
...ntique dans l'ancienne
...tale romaine : vestiges
...olonnes, petits objets, stèles et égouts. Dans la zone archéologique (en travaux) apparaissent les fondations de l'ancien quartier juif. Un nouveau musée du Judaïsme, intégrant le Mikwe (bains rituels juifs) de 1170, devrait ouvrir ses portes en 2024.

★ Gürzenich / Alt St. Alban C4
→ *Martinstr. 29-37*
Ce bâtiment crénelé fut érigé dans les années 1440 pour le conseil municipal et utilisé comme salle des fêtes (1er étage) et entrepôt (rdc). Aujourd'hui réservé aux congrès, le Gürzenich abrita jusqu'en 1986 un orchestre réputé et demeure un des lieux phares du carnaval. Rue Quatermarkt, Alt St. Alban (XIIe s.), dont les ruines ont servi à élever Neu St. Alban (**D** D1). Devenue mémorial des deux guerres mondiales, elle abrite la copie d'une sculpture de K. Kollwitz, *Parents en deuil* (1953), plus qu'éloquente.

★ Wallraf-Richartz Museum C3
→ *Obenmarspforten 40*
Tél. 0221 22 12 11 19
Mar.-dim. 10h-18h (22h 1er et 3e jeu. du mois)
Ce musée d'exception renferme la très riche collection du chanoine Wallraf : nombreux tableaux du Moyen Âge (notamment de Lochner), Dürer (1471-1528), ainsi qu'un *Autoportrait* de Rembrandt. XIXe s. bien représenté avec Renoir, Monet, Van Gogh.

★ Farina-Haus Duftmuseum B3
→ *Obenmarspforten 21*
Tél. 0221 399 89 94
Lun.-sam. 10h-19h, dim. 11h-17h
Pour mieux connaître l'authentique eau de Cologne. La maison fut fondée en 1709 par Giovanni Maria Farina, qui révolutionna l'art du parfum grâce à l'introduction d'essence de bergamote. Sa création connut le succès auprès de toute la haute société européenne.

◄Plan C/D

KÄTHE KOLLWITZ MUSEUM

KÖLNISCHER KUNSTVEREIN

★ MAKK F2
→ *An der Rechtschule*
Tél. 0221 22 12 38 60 Mar.-dim. 10h-18h (22h 1er jeu. du mois)
Arts décoratifs du Moyen Âge à nos jours : porcelaines de Meissen des XVIII-XIXe s., verrerie du XVIe s. de Venise, de Bohême et de Saxe, meubles, dont ceux de l'Autrichien Josef Hoffmann (1870-1956). Au rdc, design européen du siècle dernier, notamment du Bauhaus (Marcel Breuer, Ludwig Mies van der Rohe).

★ Kolumba F2
→ *Kolumbastrasse 4*
Tél. 0221 933 19 30
Mer.-lun. 12h-17h
L'étonnant bâtiment blanc ajouré signé Peter Zumthor en 2007 prolonge et intègre une ancienne chapelle et les ruines de l'église St. Kolumba. Des expositions d'art chrétien complètent la collection permanente d'art de l'archevêché de Cologne, qui compte notamment la croix de Hermann et Ida (XIe s.), la croix d'Erp (1150) et la *Madone aux violettes* de Stefan Lochner (avant 1450).

★ Dufthaus 4711 E3
→ *Glockengasse 4*
Tél. 0221 27 09 99 11
Lun.-sam. 11h-17h
La maison concurrente de Farina-Haus (**A** B3) propose une autre histoire de l'eau de Cologne, narrée dans la petite exposition à l'étage de la boutique. Le numéro 4711 fut attribué arbitrairement par les troupes napoléoniennes et un carillon joue toujours *La Marseillaise* toutes les heures ! Fontaine de parfum et produits dérivés réussis.

★ NSDOK E2
→ *Appellhofplatz 23-25*
Tél. 0221 22 12 63 32
Mar.-dim. 10h (11h w.-e.)-18h (22h 1er jeu. du mois)
Dans l'EL-DE Haus, ancien QG et prison de la Gestapo qui a résisté aux bombes, ont été mis en place en 1987 un centre de documentation et un musée du National-socialisme. U véritable travail de mémo autour de cette période sombre avec force article films, extraits sonores et photographies, dans les locaux laissés tels quels. Visite bouleversante.

★ Kölnisches Stadtmuseum D1
→ *Zeughausstrasse 1-3*
Tél. 0221 22 12 57 89
Mar.-dim. 10h-17h (20h ma 22h 1er jeu. du mois)
Derrière les portes rouge blanc du Zeughaus, anci arsenal (v. 1600), on trou tout ce qui a trait à l'histo de la ville : traditions, dialecte, arts, brasserie, Plans et photos d'après-

MAKK

KOLUMBA

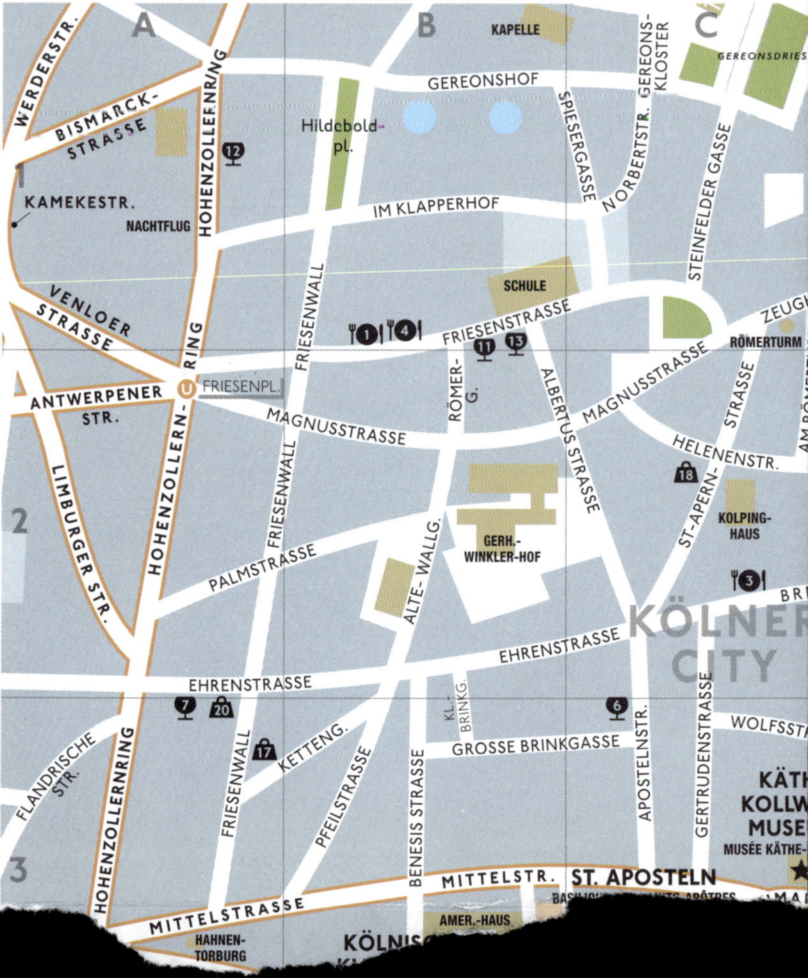

▲ Plan D

À l'ouest du Dom vibre l'effervescente Kölner City, haut lieu de commerce et de culture, avec ses nombreux musées. À la croisée des chemins et des lignes de tramway, impossible de manquer la grande place de Neumarkt ! La foule plébiscite les rues piétonnes, dont la Schildergasse (au nº 65, un immeuble de Renzo Piano) et la Breite Strasse vers l'est, qui alignent boutiques, galeries marchandes et salons de thé. Vers l'ouest, près du Ring, la vie se fait plus locale et nocturne, dans les restaurants et les bistrots de toutes sortes, et dès la Friesenstrasse apparaissent discothèques et bars très animés.

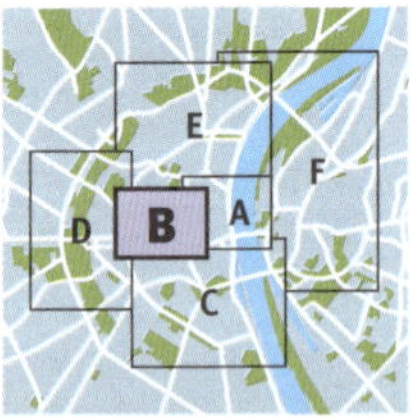

PÄFFGEN

RISTORANTE ALFREDO

RESTAURANTS

Päffgen B1 1
→ *Friesenstr. 64-66*
Tél. 0221 13 54 61 Tlj. 10h-0h (0h30 ven.-sam.)
Immanquable brasserie de Cologne aux poutres en bois apparentes. Dans le sous-sol jaillit une eau de source avec laquelle est préparée une des meilleures bières de la ville, la Päffgen ! *Biergarten* couvert. Plat 9-15,50€.

Kleine Glocke D2 2
→ *Glockengasse 58-60*
Tél. 0221 258 95 17 Mai-août : lun.-sam. 16h-2h ; sep.-avr. : lun.-sam. 12h-0h
Au bout de la discrète Glockengasse, derrière une façade rouge à vitraux, on commandera un plat du coin, comme les rognons de porc avec purée et compote de pommes. Déco Années folles et petite terrasse au calme. Plat 10-20€.

Bieresel C2 3
→ *Breite Strasse 114*
Tél. 0221 257 60 90 Lun.-sam. 12h-21h30
Depuis 1912, Bieresel ne cuisine que poissons et fruits de mer. Ses moules font l'unanimité, servies en soupe ou en cocotte. Plat 12-21€.

Heising & Adelmann B1 4
→ *Friesenstr. 58-60*
Tél. 0221 130 94 24 Lun.-sam. 12h-15h, ven.-sam. 18h-2h
Ambiance tamisée pour le dîner, qui s'anime au fil de la soirée. Jeunes couples et groupes d'amis viennent boire un verre au comptoir en picorant. Petits plats franco-italiens (tortellinis aux épinards et légumes rôtis, etc.). Plat 14-29€.

Ristorante Alfredo E2 5
→ *Tunisstr. 3*
Tél. 0221 257 73 80 Lun.-ven. 12h-15h, 18h (19h ven.)-23h30
Roberto Carturan est resté fidèle à l'enseignement d'Alfredo, son père, qui fonda en 1938 cet excellent restaurant de poisson. Le menu du jour est énoncé par le chef, qui offre parfois une démonstration de ses talents de baryton ! Plat 19-40€.

CAFÉS, BARS

Törtchen Törtchen C3 6
→ *Apostelnstr. 19*
Tél. 0221 27 25 30 81 Lun.-sam. 9h-19h, dim. 10h-18h

HSALON

DIAMONDS CLUB

BÄCKEREI ZIMMERMANN

Confiserie et pâtisserie d'inspiration française : macarons, opéras... dans une salle aux couleurs pleines de peps.

Cafe Waschsalon A3 7
→ *Ehrenstr. 77*
Tél. 0221 13 33 78 Tlj. 10h-1h (3h ven.-sam.)
Dans cette ancienne laverie, tambours et portes ont été transformés en lustres ou en pieds de comptoir... Consistants petits déjeuners à base de muësli, de charcuterie et de fromage blanc. Le soir, on pousse les tables pour danser !

ExCorner A4 8
→ *Schaafenstr. 57-59*
Tél. 0221 233 60 60 Tlj. 19h-4h (6h ven.-sam.)
On danse collé-serré dans ce bar gay. Ambiance assurée, surtout lors du carnaval !

OPÉRA, CABARET, CLUBS

Oper Köln E3 9
→ *Offenbachplatz*
Tél. 0221 22 12 84 00 www.oper.koeln
L'opéra de Cologne, à l'architecture des années 1950, fait peau neuve. Spectacles à la StaatenHaus (**F** B3) pendant la rénovation. Billetterie (*lun.-sam. 10h-18h*) dans l'Opern Passagen (**B** E2).

Mittelblond D2 10
→ *Schwalbengasse 2*
Tél. 0221 17 07 40 88 Jeu.-dim. 17h-23h ***Spectacles*** *Jeu.-dim. 20h*
Un petit cabaret de travestis aux spectacles hilarants.

Klein Köln B1 11
→ *Friesenstr. 53*
Tél. 0221 25 36 76 Ven.-sam. 21h-5h
Ambiance populaire dans ce bar-club où l'on danse tous les soirs, sans se prendre au sérieux.

Diamonds Club A1 12
→ *Hohenzollernring 90*
Tél. 0178 517 32 73 Jeu.-sam. 23h-6h
Les fêtards se mettent sur leur 31 pour entrer dans ce club très fréquenté. Musique house, électro et R'n'B.

Friesen Bar B1 13
→ *Friesenstr. 41*
Tél. 0177 414 08 02 Mar.-sam. 20h-1h (5h ven.-sam.) ; fermé 1er jeu. du mois
Dans un décor de cabaret Art déco des années 1920, un bar très stylé où siroter des cocktails dans de voluptueux Chesterfield et danser sur une bande-son pilotée par les DJ invités.

SHOPPING

Kölner Kochhaus E2 14
→ *Breite Strasse 2-4*
Tél. 0221 25 89 98 90 Lun.-sam. 10h-19h (18h sam.)
La plus grande cuisine de Cologne où puiser ustensiles, vaisselle, verres et couteaux, mais aussi machines à expresso et petit électroménager de grande qualité.

Walther Königs Postkartenladen D2 15
→ *Breite Strasse 93*
Tél. 0221 25 08 54 98 Lun.-sam. 9h-19h
Un choix infini de cartes postales. Des reproductions de chefs-d'œuvre mais aussi quelques surprises graphiques, pour un clin d'œil esthétique aux amis. Aussi des cadeaux amusants.

Kauf Dich Glücklich D2 16
→ *Neue Langgasse 2*
Tél. 0221 27 74 80 20 Lun.-sam. 10h30-20h
Un *concept store* originaire de Berlin proposant une sélection pointue de mode homme et femme, dont la marque maison, mais aussi bijoux, accessoires, CD, livres...

Goldig A3 17
→ *Friesenwall 32-36*
Tél. 0221 16 87 12 42 Lun.-sam. 11h-19h
Dans un joli écrin blanc et vieux rose, la jolie boutique d'Anna Wolfers propose une mode femme décontractée et chic (Nümph, Fever, Selected Femme...), mais aussi accessoires, chaussures, sacs, lunettes...

Kreishausgalerie C2 18
→ *Sankt-Apern-Str. 17-21*
Un passage couvert aux galeries d'art et aux luxueuses boutiques de créateurs et de designers.

St. Aposteln Markt B3 19
→ *Apostelnkloster Mar., ven. 7h-13h*
Des œufs peints, des fleurs multicolores, toutes sortes de choux et de courges à l'automne, du poisson, de la viande, des fruits... aux abords de l'église St. Aposteln.

Bäckerei Zimmermann A3 20
→ *Ehrenstr. 75*
Tél. 0221 25 56 32 Mar.-sam. 6h30-18h (16h sam.)
Jolie variété de *Schwarzbrot* (pain noir) et autres *Brötchen* (petits pains) dans cette boulangerie artisanale.

AUS 4711

NSDOK

KÖLNISCHES STADTMUSEUM

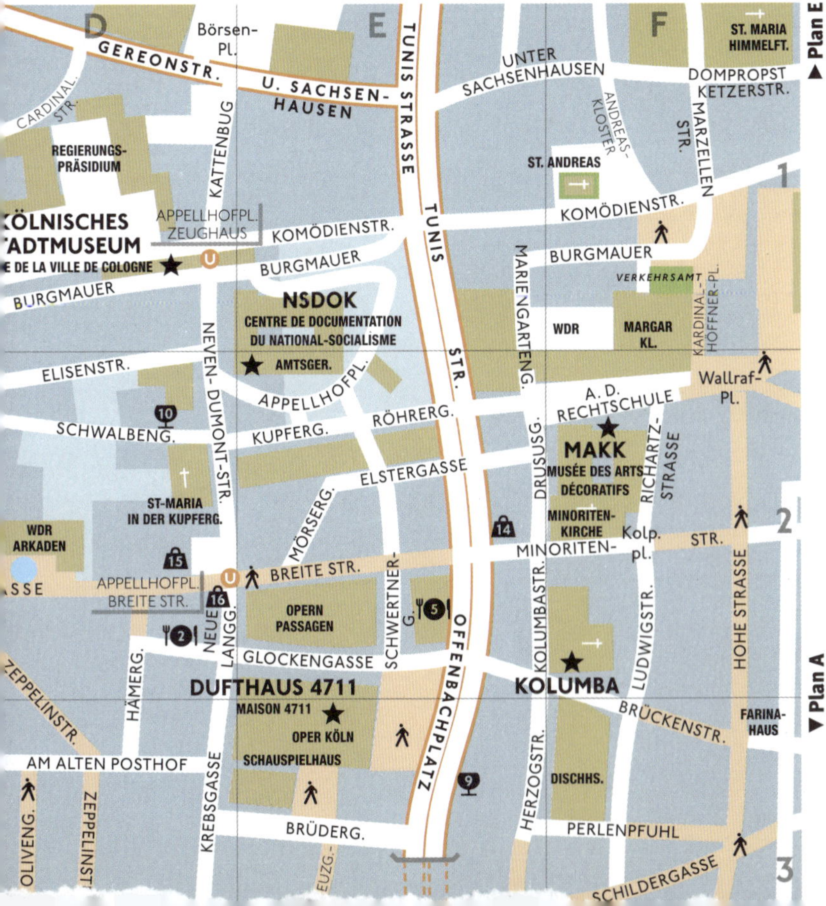

Au sud du Neumarkt et de l'Altstadt, on pénètre dans une Cologne à l'ambiance villageoise, avec ses agréables maisons du XIXe s. Les familles se promènent le long du Rhin, sur l'ancien port (Rheinauhafen) aux architectures novatrices, ou dans le Volksgarten, parc à *Biergarten* et à pédalos. Quelques-unes des plus jolies églises romanes de la ville se dressent là : entre autres, Sainte-Marie-du-Capitole et Saint-Pantaléon, au charmant petit jardin. En descendant vers la Südstadt et l'église Saint-Séverin, l'art de vivre colonais invite à se mêler à l'amicale population locale dans un des restaurants franco-italiens et dans les bars et les cinémas.

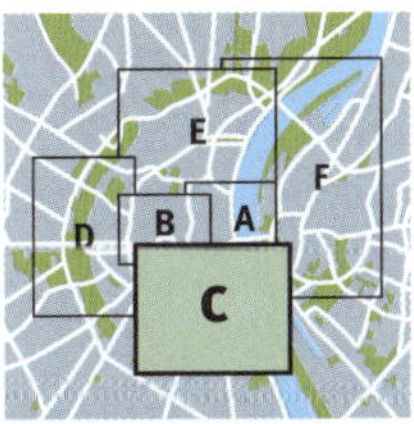

LA TECA

LIMANI

RESTAURANTS

Veedel Vital D4 ❶
→ *Ubierring 18*
Tél. 0178 821 86 27
Lun.-ven. 9h-17h
Un bar à salades végétarien où faire le plein de recettes méditerranéennes (houmous, baba ganousch, falafels) et de spécialités italiennes (gnocchis, risotto, tortellinis) ou allemandes.
Plat 5-9€.

Taquería especial C4 ❷
→ *Merowingerstr. 43*
Tél. 0221 31 72 95 Tlj. 18h-1h
On débarque en plein Mexique avec ces copieuses *quesadillas* et *enchiladas*, à arroser d'un cocktail réalisé de main de maître. Musique et décor *muy típicos* ! Plat 7-12€.

Die Fette Kuh D4 ❸
→ *Bonner Str. 43*
Tél. 0221 37 62 77 75
Tlj. 12h-23h
Reine du gril colonais, la "Grosse Vache" propose de juteux burgers serrés dans des petits pains artisanaux et accompagnés de frites maison et aussi des versions végétariennes. Burger 8,90-11,40€.

La Teca A3 ❹
→ *Eifelplatz 2*
Tél. 0221 31 34 85
Lun.-sam. 10h-0h
Ce petit traiteur italien propose antipastis, charcuterie, mini sandwichs... et quelques plats plus conséquents comme des spaghettis aux fruits de mer ou du *vitello tonnato* (veau sauce au thon), à déguster avec un bon verre de *trebbiano*.
Plat 9-13€.

Früh em Veedel D4 ❺
→ *Chlodwigplatz 28*
Tél. 0221 31 44 70 Mar.-jeu. 16h-0h, ven.-sam. 11h-1h
Une des brasseries de la maison Früh (**A** B2). Sa spécialité : les *Reibekuchen*, des galettes de pommes de terre déclinées aux oignons, aux rognons et même au camembert. Plat 9-21€.

Capricorn i Aries Brasserie D4 ❻
→ *Alteburger Str. 31*
Tél. 0221 397 57 10
À emporter mer.-ven. 12h-14h
Brasserie mar.-sam. 18h-23h
Velours pourpre, abat-jour lie-de-vin, parquet brut... Une ambiance feutrée où se délecter d'un magret de canard à la purée et au chou rouge, et d'un parfait aux framboises à la sauce au champagne.
Plat 12-24€.

ST. MARIA IM KAPITOL

ST. MARIA IN LYSKIRCHEN

RHEINAUHAFEN / KRANHÄUS

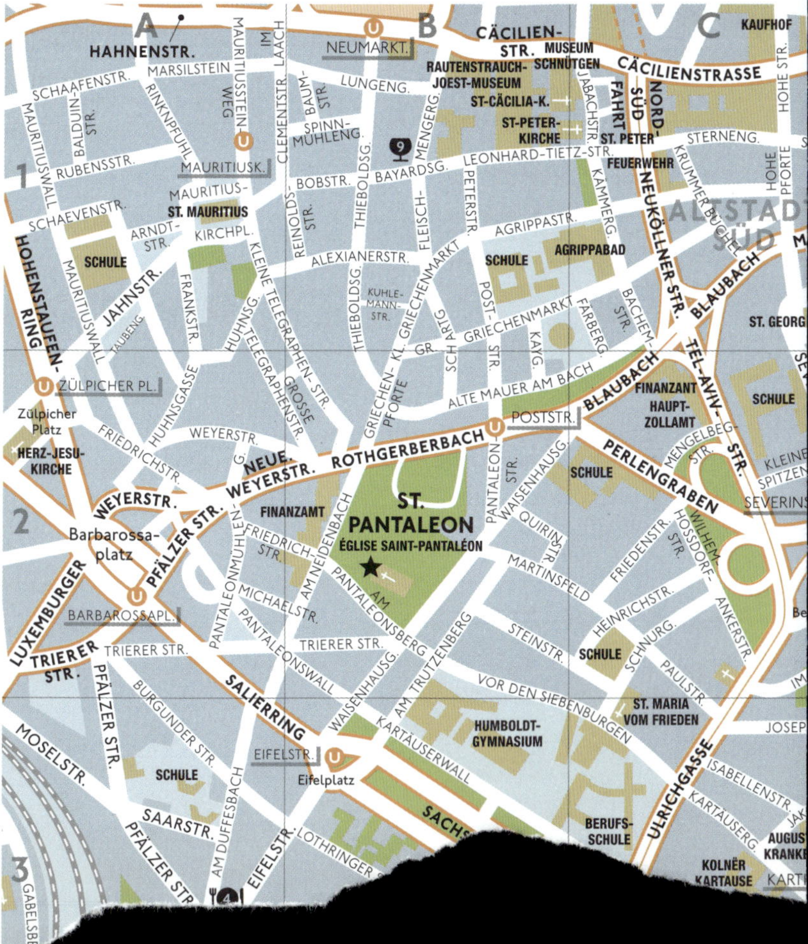

SEVERINSBRÜCKE

ST. SEVERIN

★ St. Maria im Kapitol D1

→ *Marienplatz 19*

Tél. 0221 21 46 15 Lun.-sam. 9h-18h, dim. 11h30-17h

D'architecture ottonienne tardive, cette église au chœur en forme de trèfle date du XIe s. Possédant un petit cloître, elle abrite notamment des portes en bois (1065) finement sculptées de scènes de la vie du Christ. À noter, la Madone de Hermann Joseph (v. 1180) et le jubé Renaissance (1525).

★ St. Maria in Lyskirchen D1

→ *An Lyskirchen 10*

Tél. 0221 21 17 13

Tlj. 10h-18h (16h dim.)

Figurant parmi les très rares monuments de la ville à n'avoir pas été endommagés pendant la Seconde Guerre mondiale, cette église du XIIIe s. a gardé son plafond et ses fresques d'origine. La couleur rosée des murs extérieurs la singularise des autres églises romanes de Cologne.

★ Rheinauhafen E2

Cet ancien chantier naval du Moyen Âge avait été transformé en entrepôt et en port au XIXe s., mais la libre circulation des marchandises a rendu son service de douanes (1880) superflu. Le conseil municipal a décidé en 1976 d'en faire un quartier culturel et résidentiel. Plusieurs nouveaux bâtiments à l'architecture audacieuse se sont élevés pour accueillir musées, galeries, entreprises, restaurants et logements, tout en conservant le cachet de l'ancien port.

Kranhäuser E2

Trois bâtiments en forme de grue (*Kran*) définissent depuis 2010 la nouvelle silhouette de cette presqu'île. Ils ont été conçus par Bothe, Richter, Teherani (Hambourg) et Linster (Trier) sur le modèle du Wolkenbügel ("repasse-nuages", 1925) du constructiviste russe El Lissitzky, projet utopiqu jamais réalisé. Ces structures en béton, ve et aluminium abritent bureaux et habitations.

★ Schokoladen museum E1

→ *Am Schokoladenmuseu*

Tél. 0221 931 88 80

Mar.-dim. 12h (10h w.-e.)-1

Alliant l'architecture de l'ancien port à la mode des années 1990, le mu du Chocolat dispose de trois vastes étages pou expliquer l'histoire et le processus de fabricatio la pâte de cacao, comp par une usine miniatur

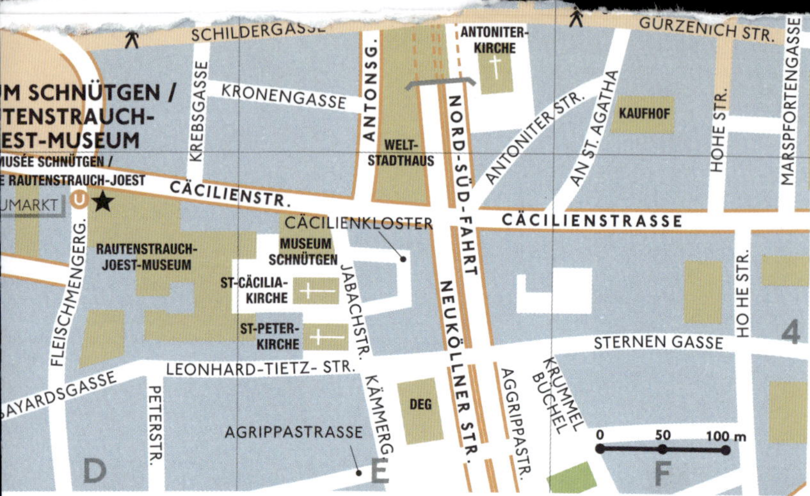

◀Plan C

UM SCHNÜTGEN

RAUTENSTRAUCH-JOEST-MUSEUM

ST. APOSTELN

e renseignent
mment sur la
nstruction titanesque de
gne.

Käthe Kollwitz
eum C3
umarkt 18-24
221 227 28 99
dim. 11h-16h
wieder Krieg ! » ("Plus
is la guerre !"), dessine
Kollwitz (1867-1945)
24 pour la presse. La
de son fils Peter durant
nde Guerre motive son
du pacifisme et du
nunisme, l'exposant à
nsure nazie. L'artiste ne
ra pourtant pas de
et ses poignantes
res sur bois, tels des cris contre la guerre, émeuvent profondément.

★ Kölnischer Kunstverein B3
→ *Hahnenstrasse 6*
Tél. 0221 21 70 21
Mar.-dim. 11h-18h
Créée en 1839, l'association des peintres colonais d'avant-garde, comme Hoerle, Arp et Ernst pour l'exposition Dada de 1919. Dans ce bâtiment des années 1950 de W. Riphan, continue de vivre l'art contemporain de Cologne à travers des expositions.

★ Museum Schnütgen / Rautenstrauch-Joest-Museum D4
→ *Cäcilienstr. 29-33*
Mar.-dim. 10h-18h (20h jeu.)
Autour de l'église Sainte-Cécile (XIIe s.), deux musées accolés passionnants.

Museum Schnütgen E4
→ *Tél. 0221 22 13 13 55*
Sculptures en bois, textiles, vitraux et manuscrits reflètent la richesse de l'art sacré médiéval, dans un cadre qui marie avec justesse les installations contemporaines du musée et le style roman de l'église reconstruite après-guerre.

Rautenstrauch-Joest-Museum D4
→ *Tél. 0221 22 13 13 56*
Impossible de manquer le monumental grenier à riz indonésien dans le hall de ce spacieux musée d'ethnologie ! Présentant les traditions de nombreux peuples et une collection d'arts premiers impressionnante, il propose un parcours pour les enfants.

★ St. Aposteln C3
→ *Neumarkt 30*
Tél. 0221 925 87 60
Tlj. 10h-13h, 14h-17h
Des peintures très graphiques de Hermann Gottfried (1988-1994) ornent le chœur en trèfle de cette église rebâtie vers 1200 aux abords du Neumarkt. Au-dessus de la croisée du transept, coupole octogonale évoquant l'art byzantin.

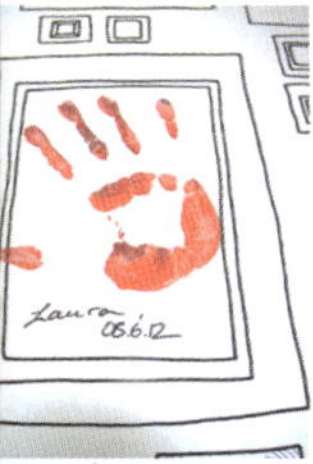
WALTER

COMEDIA

DIE WERKSTATT

Limani E4 7
→ *Agrippinawerft 6 (face à la station de tram Ubierring)*
Tél. 0221 719 05 90
Tlj. 10h-0h30 (cuisine 12h-23h)
Au "Port" (*Limani*, en grec), on vient en famille pour les gambas, sardines et autres spécialités du soleil annoncées au jour le jour à l'ardoise. Terrasse les pieds dans l'eau très appréciée en été. Plat 20-25€.

CAFÉS, BARS

Café Walter D3 8
→ *An der Bottmühle 13*
Tél. 0221 39 75 77 75 Mar.-dim. 10h-19h (18h mar., dim.)
Muesli, fromage blanc aux fruits, bon café... le lieu de rendez-vous idéal du petit déjeuner. La déco joue la carte rétro avec ses meubles de récup'. Et on est invité à laisser son empreinte sur le mur !

Libresso B1 9
→ *Fleischmengergasse 29*
Tél. 0221 23 73 79
Tlj. 10h (13h dim.)-22h30
Le rendez-vous des artistes, rempli d'instruments de musique. Un petit dicton est servi avec le café et, tous les dimanches, des rencontres littéraires sont organisées. Terrasse pour les beaux jours.

Hellers Volksgarten B4 10
→ *Volksgartenstr. 27*
Tél. 0221 38 26 26
Mai-oct. : tlj. 14h-22h
L'été, difficile de résister à l'appel du *Biergarten* du Volksgarten, avec ses transats et ses parasols posés auprès du rafraîchissant petit étang.

Fiffibar E3 11
→ *Severinswall 35*
Tél. 0221 261 71 32
Mar.-dim. 19h-1h (2h ven.-sam. ; 23h dim.)
Un peu farfelue, cette idée de dédier un bar-boîte aux chiens ! Ici, tous les murs sont couverts de photos et de bibelots rigolos sur le thème canin. DJ le week-end.

CINÉMA, CENTRE CULTUREL, THÉÂTRE

Odeon D3 12
→ *Severinstr. 81*
Tél. 0221 31 31 10
www.odeon-koeln.de
Deux charmantes salles dans ce petit cinéma d'art et essai (certains films en V.O.), où l'on peut aussi boire un verre.

Bürgerhaus Stollwerck E3 13
→ *Dreikönigenstr. 23*
Tél. 0221 991 10 80 www.buergerhausstollwerck.de
Un centre culturel unique, qui offre de tout : du cabaret, des banquets de carnaval alternatifs, du théâtre pour les enfants, de la danse – dont peut-être les meilleurs bals de la ville.

Comedia C4 14
→ *Vondelstr. 4-8*
Tél. 0221 88 87 72 22
www.comedia-koeln.de
Dans une ancienne caserne de pompiers, un théâtre très actif où tout le monde se retrouve au bar-restaurant pour discuter de la pièce ! Spectacles pour enfants au programme.

SHOPPING

Eier und Käse König D4 15
→ *Merowingerstr. 5 Mar.-sam. 9h-18h30 (15h sam.)*
Minuscule échoppe qui ne vend que des œufs et du fromage (suisse, autrichien et français).

Ökomarkt D3 16
→ *Severinskirchplatz*
Tél. 0221 420 18 75
Mar., ven. 10h-18h
Petit marché biologique sur le parvis de l'église St. Severin, où se rencontrent les familles de la Südstadt à la sortie de l'école.

Historische Senfmühle D1 17
→ *Holzmarkt 79-83*
Tél. 0221 20 53 23 40 Lun.-ven. 10h-18h, w.-e. 11h-19h
Ce micromusée retrace l'histoire de la fabrication de la moutarde locale. L'occasion de déguster et de faire provision de ce léger condiment, aromatisé au piment, au miel, aux fruits...

Sailing Office D4 18
→ *Karolingerring 5*
Tél. 0221 932 27 60
Lun.-sam. 10h-19h (15h sam.)
Après s'être acheté la panoplie du parfait navigateur, on pourra réserver une leçon de navigation sur le Rhin !

Die Werkstatt D3 19
→ *An der Eiche 9*
Tél. 0221 356 36 34 Lun.-ven. 12h-19h, sam. 11h-15h
Bijoux et matériel de barbier en porcelaine, fabriqués par Rainer Braun dans son atelier au fond de la boutique. Couleurs vives et formes épurées pour des pièces uniques !

Der Korbmacher D1 20
→ *Mühlenbach 55*
Tél. 0221 21 29 31 Lun.-ven. 10h-18h, sam. 10h30-14h
Unique vannier de la ville, Michael Steinberg fabrique dans la plus pure tradition du mobilier et des paniers en osier, élégants et solides.

SCHOKOLADENMUSEUM

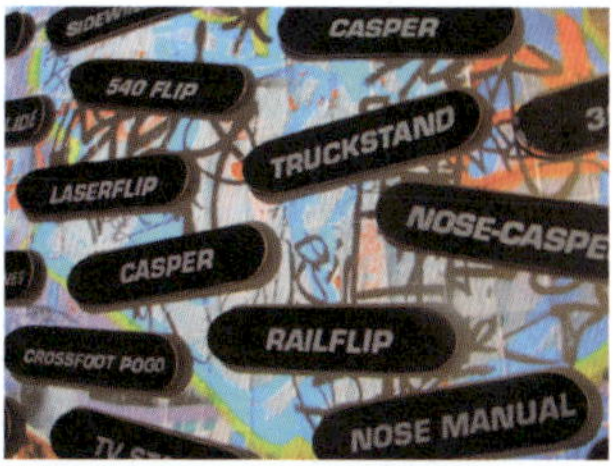

DEUTSCHES SPORT & OLYMPIA MUSEUM

Dans l'ouest de Cologne, les quartiers ne manquent pas de caractère. Au nord, un peu excentré, Ehrenfeld, jeune et bobo, séduit pour ses salles de concerts, cafés et boutiques. Plus central, le Belgisches Viertel (quartier Belge), plutôt résidentiel, regorge de magasins de mode de créateurs et de petits cafés douillets, attirant une faune sympathique qui aime faire la fête près de l'église St. Michael. Plus au sud, autour de l'université, une multitude de bars et de clubs endiablés ont fleuri sur la Rudolfplatz, dans l'Aachen Strasse et sur la Zülpicherplatz. Surprise : dans les *Biergarten*, le mélange des générations crée une ambiance du tonnerre !

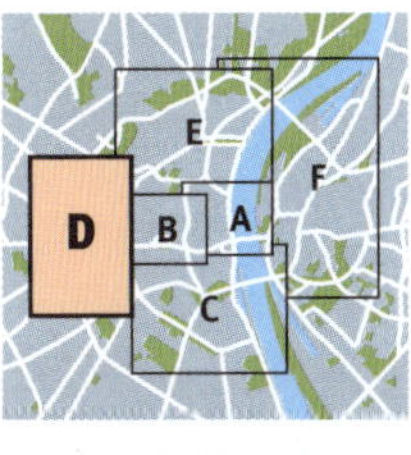

CAFÉ FEYNSINN

BRAUHAUS PÜTZ

RESTAURANTS

Osho's Place D2 1
→ *Venloerstrasse 5-7*
Tél. 0221 800 05 81
Tlj. 8h-19h (21h30 mar.-jeu. ; 22h30 ven.-sam.)
Saucisses au soja, légumes de saison bio, buffet de salades, soupe du jour, jus de fruits frais, brunch le dimanche et petit déjeuner toute la semaine. Le plein de vitamines pour les petits budgets ! Plat 9€.

Hellers Brauhaus D5 2
→ *Roonstr. 33*
Tél. 0221 240 18 81
Tlj. 17h-oh
Hellers sert plats traditionnels et bière bio dans le jardin d'hiver : toutes les générations s'y retrouvent pour de joyeuses soirées. L'été, il se dédouble dans son *Biergarten* du Volksgarten (**C** B4). Plat 10-17€.

Brauhaus Pütz D4 3
→ *Engelbertstr. 67*
Tél. 0221 21 11 66 Tlj. 12h-oh (1h ven.-sam. ; 23h30 dim.)
Cette *Brauhaus* a eu la bonne idée d'orner ses murs de peintures contemporaines : un cadre original pour une copieuse cuisine rhénane (jambon braisé œuf à cheval, etc.). Réserver. Plat 10-18€.

Bei Oma Kleinmann D6 4
→ *Zülpicher Str. 9*
Tél. 0221 23 23 46 Mar.-dim. 17h-oh (1h ven.-sam.)
Les bonnes fourchettes se damneraient pour une *Schnitzel* (escalope panée) géante de chez "Mamie" Kleinmann, aux huit assaisonnements (curry, paprika, camembert...). Une atmosphère *gemütlich* (cosy) assurée depuis 1949. Plat 10-19€.

Café Feynsinn D5 5
→ *Rathenauplatz 7*
Tél. 0221 240 92 10
Lun.-ven. 9h-1h (2h ven.), sam. 9h30-2h, dim. 10h-1h
Bio et bon ? C'est ici ! Les fruits et légumes fournis par de petits producteurs des Ardennes donnent de jolis burgers à la carotte et d'excellents petits déjeuners. Le tout sous des lustres baroques. Plat 11-17€.

Restaurant Limbourg D3 6
→ *Limburger Str. 35*
Tél. 0221 250 88 80
Mar.-jeu. 17h-oh, ven.-sam. 17h-1h (cuisine 17h30-22h30)
Murs en briques et bougies sur les quelques tables de cette adresse tout en discrétion. Le chef

NEU ST. ALBAN

ZENTRALMOSCHEE

MELATENFRIEDHOF

MUSEUM
FÜR OSTASIATISCHE KUNST

MUSEUM
FÜR OSTASIATISCHE KUNST

★ **Neu St. Alban** D1
→ *Stadtgarten Ne se visite pas*
Bâtie avec les briques et les pierres de l'Opéra et d'Alt St. Alban bombardés, cette église aux lignes sobres, au chevet en forme de proue, achevée en 1958, est l'œuvre de l'architecte colonais H. Schilling, et rompt avec la tradition locale des églises romanes. La porte sculptée est aussi due à un artiste du cru, E. Hillbrand. Dissimulée au fond du Stadtgarten, elle en surprendra plus d'un !

★ **Zentralmoschee** B1
→ *Venloer Str. 160*
www.zentralmoschee-koeln.de
Le concours d'architecture lancé pour l'édification de la nouvelle mosquée de Cologne a été remporté par Gottfried et Paul Böhm en 2006. Ses deux minarets de 55 m en forme de spirale suscitent la controverse. L'édifice aux accents futuristes peut accueillir 1 200 fidèles.

★ **Melatenfriedhof** A3
→ *Aachener Str. 204*
Tél. 0221 570 74 88
Avr.-sep. : tlj. 7h-20h ; oct. : tlj. 8h-19h ; nov.-mars : tlj. 8h-17h ; mars : tlj. 8h-18h
Ce cimetière inauguré en 1810 s'inspire du Père-Lachaise à Paris. Parmi ses 55 000 tombes figurent celles de personnalités marquantes de Cologne comme le chanoine Wallraf (1748-1824), le marchand Richartz (1795-1861) ou encore le parfumeur Farina (1685-1766). Dans la Millionenallee (entrée Piusstrasse), les sépultures les plus opulentes se font le témoin des tendances funéraires du XIXe s. à nos jours.

★ **Museum für Ostasiatische Kunst** B4
→ *Universitätsstr. 100*
Tél. 0221 22 12 86 08 Mar.-dim. 11h-17h (22h 1er jeu. du mois)
Autour de son jardin japonais, ce musée d'art asiatique signé K. Maekawa abrite depuis 1977 plusieurs collectio privées : sculptures bouddhiques, céramiq calligraphies chinoises japonaises, et accueille régulièrement des expositions temporaire qualité.

★ **Hiroshima-Nagasaki-Park** B5
Dans ce vaste parc à l'anglaise, l'étang Aach s'entoure de grandes étendues vertes propic la détente et au sport. Comme il est proche de l'université, les étudian pique-niquent volontie près du *Biergarten* (soir très animées). En toute saison, on va chercher

SGARTEN

ST. PANTALEON

le produit se déguste fontaine de chocolat, rme de cabosse.

Deutsches Sport & mpia Museum E1
Zollhafen 1
221 33 60 90 W.-e. 10h-18h
s le hall 10, réaménagé Walte von Lom, le eur devient sportif de niveau ! Des ériences ludiques lui nettent de se mesurer plus grands et, côté aires, il peut nnaître l'équipement on athlète favori. breuses informations comprendre le tionnement du corps et uvrir l'histoire des J.O.

★ **Severinsbrücke** E2
Ce pont à haubans élevé en 1959 est l'œuvre de F. Leonhardt et G. Lohmer. Formé d'un seul pylône de 77 m et de câbles en acier, il mesure 691 m de longueur et 29,50 m de largeur. En reliant avec grâce les quartiers de St. Severin et Köln-Deutz, il a joué un rôle majeur dans leur développement.

★ **St. Severin** D3
→ Severinskirchplatz
Tél. 0221 931 84 20
Lun.-ven. 10h-18h ; sam. 10h-13h, 15h-17h30 ; dim. 13h-17h
Le plus ancien sanctuaire chrétien de Cologne, dédié à un de ses saints patrons, fut fondé vers 320. Doté d'une nef et d'une tour gothiques, il abrite une croix fourchue du XIIIe s. et la châsse de saint Séverin (Ve s.), troisième évêque connu de la ville, dont le tombeau se trouve dans la crypte, décorée de peintures murales.

★ **Volksgarten** B4
Point de rencontre des habitants de la Südstadt, le sud de la ville, le Volksgarten réunit en été familles et amis autour de son *Biergarten*. Les enfants peuvent faire un tour de pédalo entre les saules ; et en automne, les tons jaune vif et orange des arbres ravissent les photographes !

★ **St. Pantaleon** B2
→ Am Pantaleonsberg 6
Tél. 0221 31 66 55 Lun.-sam. 9h-19h, dim. 9h30-19h30
Abbatiale érigée au milieu du Xe s., dont l'architecture ottonienne se singularise par une inspiration byzantine. Elle a conservé son chœur baroque (XVIIe s.) ainsi qu'un étonnant jubé médiéval de style gothique flamboyant (début du XVIe s.). Remarquables châsses de saint Albin et saint Maurin (fin XIIe s). Profiter du petit jardin clos en sortant.

ST. MICHAEL

KARNEVALSMUSEUM

…u d'air pur, à l'écart …ntre-ville.

…eomuseum C6
…picher Str. 49b
…221 470 33 68 Mer. 14h-20h …r dim. du mois 14h-17h
… l'enceinte de la …é de géologie, ce …este musée tenu par …ofesseurs et leurs …ants dispose d'une … collection de …raux aux couleurs …et de quelques …es impressionnants, …ne celui du crocodile … de 2,50 m, ou …e la coupe d'un …bia âgé de 1 400 ans. …ur scientifique …testable.

★ Hahnentorburg D4
→ Rudolfplatz 1
Une des douze portes des remparts médiévaux (1240) : celle-ci tire son nom de Hagano, notable du xᵉ s. L'empereur y passait après avoir été sacré à Aix la-Chapelle pour se rendre au Dom où il se recueillait sur les reliques des Rois mages. C'est également ici que les clés de la ville auraient été données, en 1794, aux troupes françaises qui empruntèrent à nouveau cette porte, 20 ans plus tard, lors de leur retraite. De nos jours, il s'agit d'un lieu de passage important lors de la journée du *Rosenmontag*, pendant le carnaval.

★ St. Michael C3
→ Moltkestr. 117
Tél. 0221 474 50 70
Lun.-mar., ven. 9h30-12h ; mer. 10h-13h, 15h-17h
Construite en 1906, cette église néoromane et Art nouveau fut conçue par E. Endler. À voir, sous son plafond en bois d'après-guerre, une mosaïque de l'Évangile de Jean (1906), et une *Pietà* de P. Rautzenberg de la fin des années 1920. Les rayures rouges et jaunes ont été ajoutées dans les années 1970, pour reprendre le motif extérieur.

★ Karnevalsmuseum
hors plan A2
→ Maarweg 134-136 Ligne 1, arrêt Maarweg
Tél. 0221 574 00 76
Jeu., w.-e. 10h (11h w.-e.)-17h
Un peu excentré, ce musée reflète une part essentielle de la culture colonaise : le carnaval. Il retrace son histoire en Europe, de l'époque romaine à nos jours. Char, costumes, photos, documents, films permettent de mieux saisir l'importance de cette fête dans la vie des habitants, toutes générations confondues. Au début de la visite, on s'attardera sur la belle mosaïque antique.

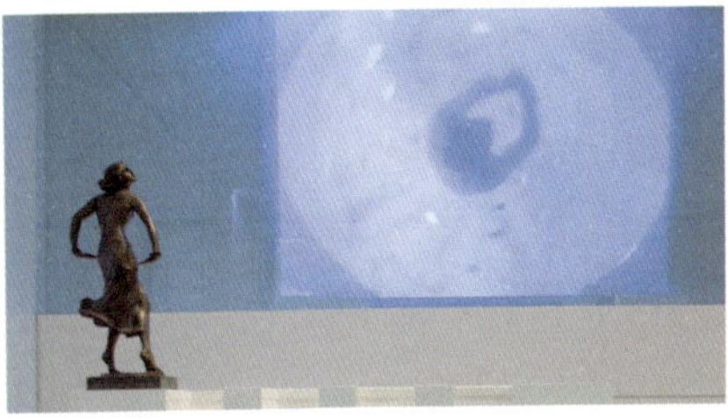

TANZMUSEUM

ST. KUNIBERT

★ St. Gereon B4
→ *Gereonshof 2*
Tél. 0221 474 50 70
Tlj. 10h (13h dim.)-18h
Crypte *Mer. 15h-17h ; sam. 10h-12h*
La particularité de cette église romane tient à son plan décagonal visible sous une étonnante coupole rouge et or. Édifiée, selon la légende, au IVe s. par Hélène, mère de Constantin Ier, elle fut achevée vers 1250. Belles mosaïques dans la crypte. À la sortie, une tête en granit d'I. Yediler (2005) symbolise le martyre de saint Géréon, décapité avec ses troupes en 303 pour s'être converti au christianisme.

★ St. Ursula C4
→ *Ursulaplatz 30*
Tél. 0221 13 34 00
Lun.-sam. 10h-12h, 15h-17h ; dim. 15h-17h
Sainte patronne de la ville, sainte Ursule aurait été martyrisée par les Huns avec 11 vierges, que la légende multiplia en 11 000 vierges. Son tombeau baroque ainsi que des tableaux de scènes de sa vie (1456) sont visibles dans le bas-côté nord. Ne surtout pas manquer l'incroyable *goldene Kammer* (chambre d'Or, 1643), qui rassemble 120 bustes reliquaires et d'innombrables "reliques", fémurs, tibias, cubitus qui se font motifs muraux décoratifs !

★ Mediapark B3
→ *Tél. 0221 57 43 74 00*
www.mediapark.de
Achevé en 2004, ce "parc des Médias" se repère à sa tour, dite Kölnturm (Jean Nouvel), haute de 148 m. Ce demi-cercle de 20 ha d'immeubles contemporains entourant un étang regroupe Radio Köln, une école de journalisme, un studio de musique, un hôtel, deux cliniques privées et les bâtiments de la fondation SK Stiftung Kultur. Un en devenir encore un vide, malgré le ciném attire beaucoup de monde.

Die Photographische Sammlung
→ *Bâtiment 7*
Tél. 0221 88 89 53 00
Jeu.-mar. 14h-19h
La collection de la SK Stiftung Kultur rassem plus de 5 500 photos originales et 11 000 négatifs d'Augu Sander (1876-1964), g portraitiste, ainsi que clichés de Bernd et Hi Becher (photo documentaire de bâtiments industriels)

ST. GEREON

ST. GEREON

ST. URSULA

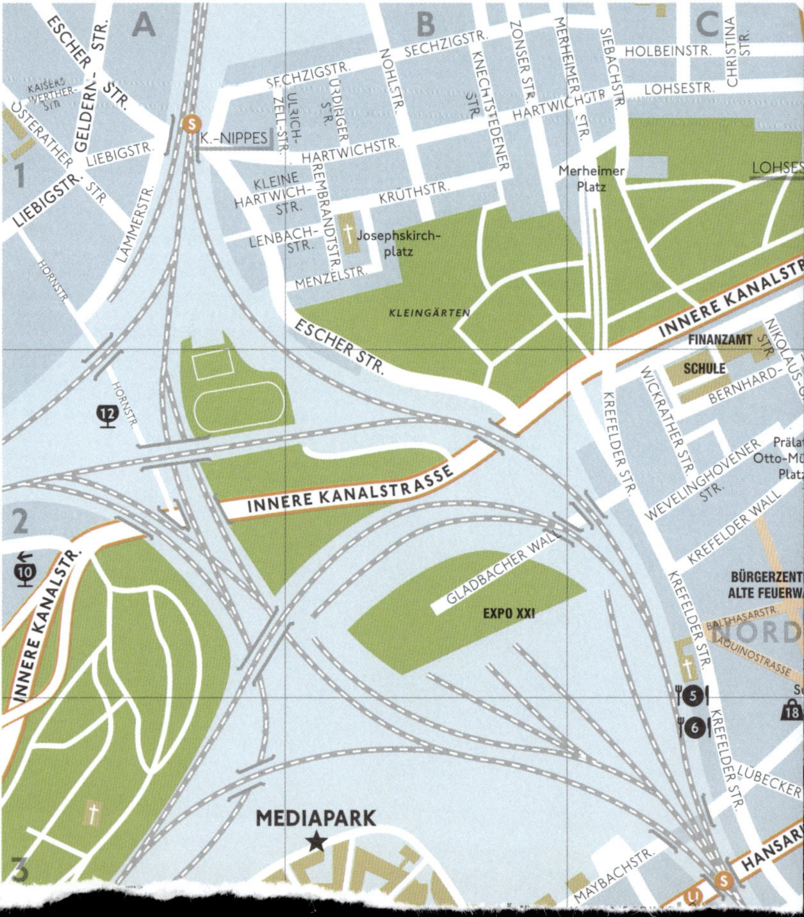

E

Altstadt Nord / Agnesviertel / Nordstadt

Tout près de la splendide église Saint-Géréon, le nouveau quartier du Mediapark est à l'image du dynamisme des médias à Cologne, avec son école de journalisme, ses musées de la photographie et de la danse, et ses nombreux tournages de séries télé. À l'est, les rues qui encadrent l'Eigelsteintorburg alignent restaurants et cafés italiens, puis viennent le quartier turc et le populaire Agnesviertel, très authentiques. La Neusser Strasse, où les commerces de détail se mêlent aux brasseries traditionnelles, conduit au Fort x, étonnant vestige de l'époque prussienne, qui assure une promenade des plus apaisantes.

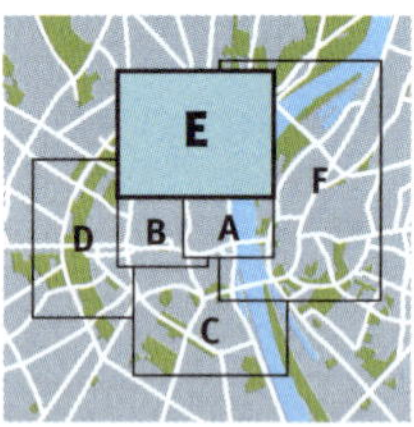

ROSSINI

LE MOISSONNIER

RESTAURANTS

Mangal C3 1
→ *Weidengasse 58-62*
Tél. 0221 29 88 34 20 Tlj. 10h-2h (3h ven.-sam. ; 1h dim.)
Les grillades de ce restaurant de cuisine turque traditionnelle font sa réputation. Aussi des pitas, des pizzas turques, etc. à emporter. Plat 7-17€.

Rossini D3 2
→ *Eigelstein 143*
Tél. 0221 139 12 34 Tlj. 12h-23h
À l'automne, les paniers de champignons récoltés dans la nuit embaument à l'entrée. À la carte, des plats du jour frais et roboratifs : risottos, pizzas, *pasta* ou bœuf beurre maître d'hôtel. Plat 7-25€.

Brauhaus Stüsser D2 3
→ *Neusser Str. 47*
Tél. 0221 47 44 69 99
Tlj. 15h (11h w.-e.)-0h
Reibekuchen le mardi, *flammkuchen* le mercredi... La tradition colonaise jusque sur les murs, tapissés de photos du carnaval ! Plat 8,50-15€.

Max Stark E3 4
→ *Unter Kahlenhausen 47*
Tél. 0221 200 56 33 Tlj. 11h-23h (cuisine jusqu'à 20h30)
Une brasserie typique, joyeuse et souvent bondée, offrant une gastronomie familiale classique et copieuse, notamment d'excellents ragoûts, *Schnitzel*, *Himmel un Ääd*... Plat 8,50-18€.

Marcellino C3 5
→ *Krefelder Str. 39*
Tél. 0221 99 87 83 20
Mer.-dim. 18h-23h
Chez Marcello et Daria Maldotti, on est aux petits soins avec les clients ! En cuisine, la *mamma* concocte des plats transalpins raffinés : pâtes fraîches maison, assaisonnées de truffe ou d'épinards. Bons crus. Réserver. Menu 55-67€, plat 15-32€.

Le Moissonnier C3 6
→ *Krefelder Str. 25*
Tél. 0221 72 94 79
Mar.-sam. 12h-13h15, 18h30 (19h ven.-sam.)-21h
Éric Menchon ne s'impose aucune limite ! *Dim sum* de ris de veau à l'*iramusu*, carré de veau de lait à la Guinness, pigeonneau au consommé de faînes, saint-pierre aux fruits de coriandre... Tous les goûts du monde travaillés avec le savoir-faire de l'école française. Menu

HALLMACKENREUTHER

FRANTA OBJEKTE

ENTLARVT

aime travailler le gibier et les légumes oubliés. Plat 14-30€.

SALONS DE THÉ, CAFÉS

Miss Päpki C3 7
→ *Brüsseler Platz 18*
Tél. 0221 16 83 49 71
Mer.-lun. 12h30-19h
Avant de se lancer dans un shopping effréné, un petit déjeuner chez Miss Päpki est plus que recommandé ! On se love aussi dans les canapés de ce salon de thé lumineux pour une infusion ou un verre de vin.

Metzgerei und Salon Schmitz D4 8
→ *Aachener Str. 30*
Tél. 0221 139 55 77 Tlj. 9h-23h (1h ven.-sam. ; 22h dim.)
Unique en son genre ! On commande sa part de gâteau dans l'ancienne boucherie (*Metzgerei*) aux faïences blanches, avant de le goûter dans le café attenant, au papier peint rétro. Et le soir, on danse même au sous-sol.

Café Central C4 9
→ *Jülicher Str. 1*
Tél. 0221 207 15 20
Lun.-sam. 8h-23h (0h ven.-sam.), dim. 9h-22h
Le toit déconstructiviste de l'hôtel Chelsea ne laisse pas indifférent ! À son pied, la vaste terrasse du Café Central se peuple d'habitués.

Bauturm Café D4 10
→ *Aachener Str. 24-26*
Tél. 0221 52 89 84
Tlj. 8h (9h w.-e.)-3h
Dans le quartier des théâtres, ce café aux murs couverts de livres propose quelques vins et plats bio.

BARS, CLUBS

Hallmackenreuther C3 11
→ *Brüsseler Platz 9*
Tél. 0221 51 79 70
Tlj. 10h-1h (3h ven.-sam.)
Reconnaissable à ses lampes sphériques colorées et à ses chaises psychédéliques, ce bar a réveillé la place de l'église St.-Michel. Le soir, les DJ mettent le feu à la piste de danse. Terrasse.

Königsblut A1 12
→ *Thebäerstr. 8*
Tél. 0151 23 06 26 63
Lun.-sam. 20h-2h (4h ven.-sam.), dim. 19h-1h
Des portraits de célébrités et de divinités mystiques parent les murs de ce bar à cocktails très *New Age* ! En été, délicieux petit jardin et bonne musique électro le week-end.

Stadtgarten C2 13
→ *Venloer Str. 40*
Tél. 0221 95 29 94 21 Lun.-sam. 12h-1h (2h ven.-sam.), dim. 10h30-1h www.stadtgarten.de
Effervescence revigorante dans ce bar très fréquenté qui organise des concerts de jazz toute l'année et invite parfois de grands noms. *Biergarten* l'été.

SHOPPING

Madame Miammiam C3 14
→ *Antwerpener Str. 39*
Tél. 0221 271 92 42
Mer.-sam. 12h-17h30 (19h ven.-sam.), dim. 13h-17h
Diplômée des beaux-arts, Madame Miammiam conçoit de splendides gâteaux, pour le plaisir des yeux et des papilles ! Pièces montées sur commande.

Bärendreck-Apotheke D4 15
→ *Richard-Wagner-Str. 1*
Tél. 0221 355 99 54
Mar.-sam. 12h-18h30 (16h30 sam.)
La réglisse dans tous ses états : bonbons, sirops, liqueurs...

Franta Objekte D3 16
→ *Maastrichter Str. 18*
Tél. 0221 52 88 55 Lun.-ven. 11h-19h, sam. 12h-16h
Objets et mobilier du début du XXe s. aux années 1970 : juke-box, enseignes lumineuses et affiches publicitaires dans l'annexe en face.

Boutique Frau Kayser D3 17
→ *Maastrichter Str. 40-44*
Tél. 0221 823 20 07
Lun.-sam. 12h-19h
Frau Kayser brode ses dictons facétieux sur des torchons et des tabliers aux couleurs douces. On peut aussi créer son propre message.

Entlarvt D5 18
→ *Zülpicher Str. 6*
Tél. 0221 240 68 10
Lun.-sam. 11h-19h (18h sam.)
Friperie un peu farfelue, où dénicher le déguisement idéal pour le carnaval.

Belgisches Viertel
Fashion victim en quête de pièces uniques ? Le bonheur est dans le quartier Belge !

Magasin Populaire C3 19
→ *Brüsseler Platz 8*
Tél. 0221 594 97 04
Lun.-sam. 11h-20h (19h sam.)
Boutique de jeunes créateurs : sacs à main, foulards, chaussures... Version homme juste à l'angle, chez Monsieur Courbet.

HIROSHIMA-NAGASAKI-PARK

GEOMUSEUM

HAHNENTORBURG

▼ Plan E

▼ Plan B

TALE FROZEN YOGURT

O.K. VERSAND

BONODELUXE

99€ (avec vin 125-164€), plat 40-54€.

GLACIER, CAFÉS, BARS

Fairytale Frozen Yogurt D2 7
→ *Schillingstr. 23*
Tél. 0163 960 83 81
Tlj. 12h-19h30
La nouvelle mode à Cologne : les yaourts glacés personnalisés. Se laisser tenter aussi par un Bubble Tea bio dans cette échoppe ouverte par deux copines qui utilisent du matériel recyclable. Rafraîchissant !

Café Elefant D2 8
→ *Weissenburgstr. 50*
Tél. 0221 73 45 20
Tlj. 9h-22h (20h w.-e.)
Chaises bleues en terrasse, tables d'écolier aux pieds verts et miroir ancien séduisent les étudiants des environs. Tout autant que les *latte* et gâteaux bien sucrés. Au déjeuner, blinis ! Simple et agréable.

Café Schmitz D3 9
→ *Hansaring 98*
Tél. 0221 139 77 33
Tlj. 9h-0h (1h ven.-sam.)
Atmosphère parisienne avec grands miroirs, larges baies vitrées arrondies et lumière chaude. On vient y lire le journal, discuter d'un film à la sortie d'une séance au Filmpalette voisin et boire un chocolat chaud à la chantilly.

Goldmund hors plan A3 10
→ *Glasstr. 2 S-Bahn K-Ehrenfeld Tél. 0221 534 15 84 Tlj. 9h-0h (1h ven.-sam. ; 23h dim.)*
Les intellos du quartier attrapent un livre en langue étrangère dans la bibliothèque, travaillent sur leur ordinateur portable, commandent un cappuccino et se lancent dans des conversations animées...

Weisser Holunder A4 11
→ *Gladbacher Str. 48*
Tél. 0221 51 34 75
Tlj. 17h-1h (2h ven.-sam.)
À proximité du Mediapark, un pub fumeur tout droit sorti des années 1970. Il y a même un juke-box ! Clientèle d'habitués, bières locales, concerts fréquents.

CENTRE CULTUREL ET CINÉMAS

Odonien A2 12
→ *Hornstrasse 85*
Tél. 0221 972 70 09 Mer.-dim. 12h-22h
www.odonien.de
Un lieu alternatif à la fois centre culturel, salle de concerts et *Biergarten* réunissant musiciens et artistes engagés au fil d'une riche programmation. Pour sentir une autre eau de Cologne...

Residenz A4 13
→ *Kaiser-Wilhelm-Ring 30*
Tél. 0221 91 39 69 13
koeln.astor-filmlounge.de
Cinéma huppé aux sièges numérotés et tarifs différenciés : fauteuil ample isolé, *love seats*, option repose-pied... Café.

Filmpalette D3 14
→ *Lübecker Str. 15*
Tél. 0221 12 21 12
www.filmpalette-koeln.de
La plus petite salle obscure de Cologne. Art et essai.

SHOPPING

o.k. Versand A4 15
→ *Gladbacher Str. 36*
Tél. 0221 952 50 15 Lun.-sam. 12h-18h30 (16h sam.)
Objets de bric et de broc venus du monde entier : le royaume du kitsch et de la récup'. Original et bon marché.

Ankara Supermarkt D3 16
→ *Weidengasse 46-48*
Tél. 0221 130 05 08
Lun.-sam. 8h-20h
Une épicerie turque, pour cuisiner ses propres *böreks* !

Kölner Rumkontor D3 17
→ *Lübecker Str. 6*
Tél. 0221 139 33 90 Mer.-ven. 13h-19h30, sam. 11h-16h
Un petit magasin spécialisé, où hésiter entre... 700 sortes de rhums ! Des dégustations sont organisées, relevées d'anecdotes sur les spiritueux présentés.

Kiss the Inuit C3 18
→ *Sudermanpl. 1*
Tél. 0221 42 31 46 93
Lun.-ven. 10h30-19h
Dans cette boutique à la sélection gaie, tout donne envie (robes à motifs, chapeaux en laine, chaussures originales...). Et en plus, les vêtements ne sont conçus qu'en matières biologiques.

Bonodeluxe D2 19
→ *Schillingstr. 10*
Tél. 0172 667 60 13
Mar., ven.-sam. 12h-18h (15h sam.) ; mer.-jeu. 14h-18h
Mme Bono restaure dans son atelier d'anciens meubles et les rehausse de couleurs vives qui égayeront un intérieur ! À rapporter : bougeoirs, vases, lampes, sacs à main...

PARK

DIE PHOTOGRAPHISCHE SAMMLUNG

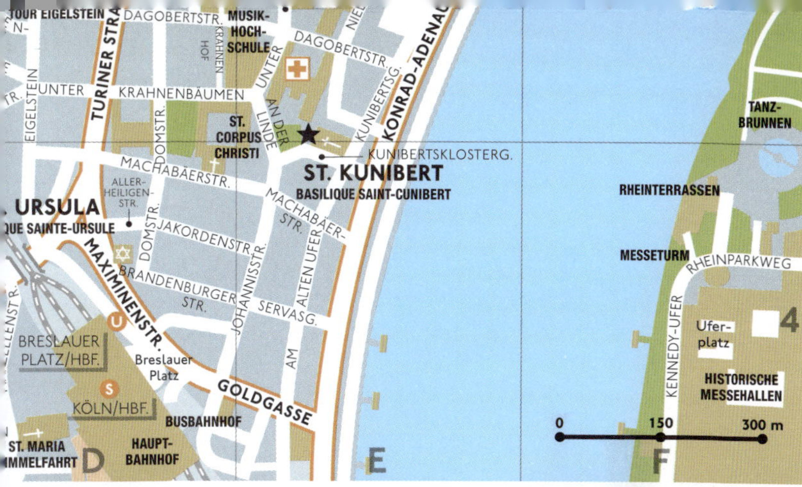

◀ Plan A

STEINTORBURG

ST. AGNES

FORT X

s importants. D'autres
's complètent les
sitions temporaires.
nuseum
timent 7
221 888 54 00
ar. 14h-19h
nse, abordée sous un
captivant et
ifiquement
menté ! À travers des
sitions thématiques
otos et vidéos, tous
yles sont représentés,
llet au hip-hop.

t. Kunibert E4
nibertsklostergasse 2
221 12 12 14
h (15h dim.)-18h
Cunibert, neuvième
ue de Cologne, a
donné son nom à l'église romane la plus tardive de la ville, achevée en 1247. Huit vitraux de l'abside datent de 1220-1230, et les peintures murales médiévales ont tout aussi bien résisté au temps.

★ Eigelsteintorburg D3
→ *Eigelstein*
Parmi les douze portes médiévales de Cologne, celle-ci (XIIIe s.) se distingue par son *Kölsche Boor*, ou "Paysan de Cologne", au bouclier orné d'un aigle qui lui valut le surnom de "porte de l'Aigle" durant l'occupation française. L'histoire raconte d'ailleurs que Napoléon la franchit avec Joséphine en 1804. Elle abrite désormais l'Offene Jazzhausschule, école de musique jazz.

★ St. Agnes D2
→ *Neusser Platz 18*
Tlj. 9h-19h
Symbolique de l'Agnesviertel, cette église a été élevée entre 1896 et 1902 pour abriter la dépouille d'Agnès, épouse de P. J. Roeckerath (1837-1905), riche bourgeois colonais. Sa tour néogothique de 61 m s'inspire de celles du Dom, à l'époque très en vogue, car récemment érigées. Détruite pendant la guerre, elle fut reconstruite en 1967.

★ Fort x E1
→ *Neusser Wall 28*
***Rosengarten** Mars-oct. : tlj. 7h (9h w.-e.)-20h*
Il règne un grand calme au fort Prinz Wilhelm von Preussen, dixième des fortifications prussiennes, dressé au cœur d'un quartier plutôt résidentiel. Bâti en 1819, il servit entre autres d'abri durant la Seconde Guerre mondiale. Sa charmante roseraie complète l'impression d'intemporalité du lieu. Pour les petits, un parc à jeux.

ALTER BAHNHOF

ALTE MESSEHALLEN

★ **Rhein** B2
Dans sa traversée de Cologne, le Rhin impressionne par ses 400 m de largeur ! On le franchit à pied sur le pont Hohenzollern ou par la voie des airs via le téléphérique.

★ **Hohenzollernbrücke** A4
Deuxième pont ferroviaire de Cologne (1911), il relia la Vieille Ville aux usines sur l'autre rive. Paré de quatre statues équestres de souverains de la dynastie Hohenzollern, il supporte de nos jours le plus grand trafic ferroviaire d'Allemagne (1 200 trains/jour).

★ **Köln Triangle** B4
→ *Ottoplatz 1*
Tél. 0223 49 92 15 55 Mai-sep. : tlj. 11h (10h w.-e.)-23h ; oct.-avr. : tlj. 12h (10h w.-e.)-20h
Du 28ᵉ étage de ce building haut de 100 m, vue imprenable sur Cologne ! Du centre historique à Deutz, du Rhin aux églises romanes, le panorama à 360° vaut le détour. Indications sur la vitre pour situer d'un coup d'œil les principaux monuments de la ville.

★ **Alter Bahnhof** B4
Les rondeurs et la taille humaine de cette petite gare bâtie en 1913 charment. Son architecte, Hugo Röttcher, s'inspira d'églises XVIIIᵉ s. pour la dessiner. Elle dessert toujours Francfort, tandis que l'essentiel du trafic passe par Hauptbahnhof, la gare centrale (**A** C1).

★ **Alte Messehallen** B4
→ *Messeplatz*
Ces immenses halles furent construites pour les foires en 1924 sous le mandat du maire Konrad Adenauer, puis recouvertes en 1928 par Adolf Abel des briques qui leur donnent cette allure si particulière. Les foires se déroulent dorénavant dans la Koelnmesse, voisine, et des bureaux les remplacent, ainsi que les studios de RTL.

★ **Odysseum** D4
→ *Corintostr. 1*
Tél. 0221 69 06 81 11
Mar.-ven. 9h-18h, w.-e. 1c
Tenant plutôt du parc d loisirs, un musée hautement interactif qu dispose de 200 station d'aventures pour les enfants, répartis en cin univers : Vie, Terre, Cyberespace, Homme Ville. Multiples expérie ludiques !

★ **Rheinpark** B3
Ce vaste parc qui court Hohenzollernbrücke au téléphérique se décou pied le long du Kenned

RHEIN

HOHENZOLLERNBRÜCKE

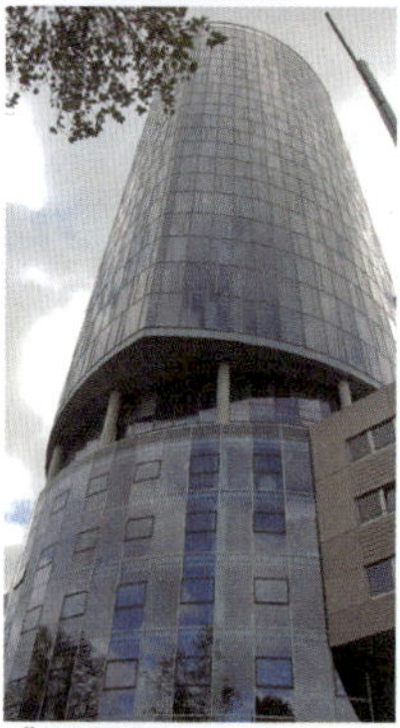

KÖLN TRIANGLE

▲Plan E

Après avoir flâné sur la rive gauche du Rhin, il est temps de passer le pont Hohenzollern et, tout en admirant la Vieille Ville du côté de Deutz, de profiter des *Biergarten* et des restaurants avec vue. Cette zone constitue le point névralgique des innombrables foires (*Messen*) qui rythment le calendrier de Cologne, et quelques salles de concerts underground ont trouvé là l'espace pour faire éclore une culture alternative. Au pied de Claudius Therme, le téléphérique mène jusqu'au zoo, voisin du Botanische Garten et du Skulpturenpark, propices à la détente.

RESTAURANT GLASHAUS

RHEINTERRASSEN

RESTAURANTS

Rheinterrassen B3 1
→ *Rheinparkweg 1*
Tél. 0221 65 00 43 21 Mar.-dim. 17h (18h sam. ; 11h dim.)-1h
On s'assoit tout au bord du Rhin, en terrasse de préférence, pour une *currywurst*, un burger ou une *flammkuche*... Plat 7,50-11,50€

Brauhaus ohne Namen B5 2
→ *Mathildenstr. 42*
Tél. 0221 81 26 80
Tlj. 17h (13h w.-e.)-23h
Schnitzel de 200 g et *Himmel un Ääd* dans une brasserie, avec coin bar pour suivre les matchs de foot avec des supporters locaux. Ambiance bon enfant. Plat 6-17€.

Cafe Especial B4 3
→ *Neuhöfferstr. 32*
Tél. 0221 81 47 55
Tlj. 11h (10h sam.)-1h
Calaveras (squelettes déguisés) et affiches bigarrées donnent le ton dans ce bar-restaurant mexicain. Copieux et savoureux *burritos* et *enchiladas*. 72 sortes de téquila à la carte. Plat 7,50-23€.

Hotelux B5 4
→ *Von-Sandt-Platz 10*
Tél. 0221 24 11 36
Mar.-dim. 17h-22h
Buste de Lénine, étoiles rouges, fresque à l'image de la Révolution... On est en pleine Ostalgie ! Spécialités ukrainiennes et russes, et une barmaid qui connaît ses vodkas sur le bout des doigts. Plat 9-20€.

Antik-Brauhaus Sion-Bräues B5 5
→ *Deutzer Freiheit 85-87*
Tél. 0221 81 69 47
Lun.-jeu. 16h-0h, ven.-sam. 15h-2h, dim. 13h-23h
Une brasserie récente, dans un bric à brac de brocante ! Cuisine colonaise traditionnelle. Plat 11-20€.

Restaurant Glashaus B4 6
→ *Kennedy-Ufer 2a*
Tél. 0221 82 81 17 60
Lun.-sam. 6h-10h, 18h30-21h30 ; dim. 6h-10h, 12h-14h
De la verrière du 1er étage du Hyatt Regency, toute la ville s'offre aux dîneurs. À la carte : hamburgers, club sandwichs, raviolis au parmesan, saumon grillé. Plat 13-30€.

CAFÉS, BARS, CLUB

Lommerzheim B5 7
→ *Siegesstr. 18*
Tél. 0221 81 43 92
Mer.-lun. 11h (10h30 dim.)-14h30, 16h30-0h
Toujours bondée, cette

IUS THERME

MUSIC STORE

1. FC KÖLN FAN SHOP

étroite brasserie accueille une clientèle sympathique, venue aussi bien boire une *Kölsch* que manger une généreuse portion de saucisses aux pommes de terre. Le tout dans un chaleureux brouhaha.

Villa Mathilde B5 8
→ *Mathildenstr. 27*
Tél. 0221 99 44 94 96
Mar.-dim. 10h30-18h
Un charmant petit café de quatre tables, alternatif et discret, au décor simple mais douillet. On y vient pour le petit déjeuner, un sandwich ou une excellente soupe (aussi à emporter). Gaufres le dimanche.

Cologne Beach Club Km 689 B3 9
→ *Rheinparkweg 1*
Tél. 0221 650 04 310 Mai-sep. : jeu.-dim. 15h (14h w.-e.)-1h
Au bord du Rhin, une plage artificielle estivale. S'allonger dans un transat et profiter de la vue...

Elektro Küche hors plan B6 10
→ *Siegburger Str. 110*
Tél. 0221 997 42 72
Sam. 23h-7h
Pour les meilleurs *beats* électro, il faut s'aventurer plus au sud du quartier, dans cette usine désaffectée au bord du Rhin. DJ locaux et stars internationales s'y produisent au cours de soirées 100% techno.

SPECTACLES, CONCERTS

Lanxess-Arena C4 11
→ *Willy-Brandt-Platz 3*
Tél. 0221 80 20
www.lanxess-arena.de
Stade reconnaissable à l'arc blanc qui enjambe son toit, où se déroulent événements sportifs et culturels d'envergure.

Tanzbrunnen B3 12
→ *Rheinpark*
Tél. 0221 284 79 10
www.koelnkongress.de
Tentes en forme d'étoile sous lesquelles se jouent en été de nombreux spectacles en plein air. En hiver, le théâtre attenant prend la relève.

raum 13 D2 13
→ *Deutz-Mülheimer-Str. 147-149 Tél. 0221 423 21 85 www.raum13.com*
Programmation avant-gardiste de pièces de théâtre, spectacles de danse contemporaine et musique *live*.

Gebäude 9 C3 14
→ *Deutz-Mülheimer-Str. 127*
Tél. 0221 81 46 37
www.gebaeude9.de
Des concerts rock et folk drainent le week-end (et parfois en semaine) la jeunesse hype de Cologne. Cette ancienne usine abrite aussi des ateliers d'artistes.

E-Werk hors plan D1 15
→ *Schanzenstr. 36*
Tél. 0221 967 90
www.e-werk-cologne.com
Les plus grands noms de la musique pop-rock allemande et internationale passent par cette salle d'une capacité de 2 000 spectateurs !

THERMES

Claudius Therme C2 16
→ *Sachsenbergstr. 1*
Tél. 0221 98 14 40 Tlj. 9h-0h
www.claudius-therme.de
Détente assurée dans ces magnifiques bains munis de saunas, d'un hammam, d'un solarium, d'une piscine extérieure à jets et d'un bassin à courant.

SHOPPING, SHOWROOM

Music Store hors plan D4 17
→ *Istanbulstr. 22-26*
Tél. 0221 888 40 Lun.-ven. 10h-19h, sam. 9h30-18h
Sur quatre étages, un choix impressionnant d'instruments de musique, de partitions et de matériel de DJ, mis en scène au milieu de voitures américaines.

Design Post C4 18
→ *Deutz-Mülheimer-Str. 22a*
Tél. 0221 69 06 50
Mer.-sam. 10h-18h (16h sam.)
Expositions des dernières innovations en matière de design dans un grand *showroom*.

Köln Arcaden hors plan D5 19
→ *Kalker Hauptstr. 55 Ligne 1, arrêt Kalk Post Lun.-sam. 10h-20h (22h ven.-sam.) www.koeln-arcaden.de*
Grand centre commercial de trois étages : grandes chaînes habituelles, mais aussi l'occasion de découvrir des enseignes typiquement allemandes.

Hussel
→ *Tél. 0221 992 24 83*
Chocolats et confiseries, et surtout une spécialité de bonbons tout ronds au *marzipan* (massepain).

Müller
→ *Tél. 0221 80 19 36 40*
Alimentation, vêtements, parfum, maquillage, jouets et jeux : on trouve de tout chez Müller !

1. FC Köln Fan Shop
→ *Tél. 0221 168 47 06*
Les supporters de l'équipe de football locale viennent ici pour les t-shirts et les écharpes à l'effigie du bouc Hennes, la mascotte du FC Köln.

ODYSSEUM

RHEINPARK

KÖLNER ZOO

DIE FLORA

SKULPTURENPARK

suivant le Rhin. L'été, ...ses et petites plages ...ielles s'en emparent, ... y profite d'un ...ama sans pareil. ...ment un théâtre et des ...acles en plein air dans ...zbrunnen, et de ...s espaces pour rouler ... ou à rollers, jouer au ...inton ou pique-...r !

...r Seilbahn B2

...uré en 1957, le ...érique traverse le ...t offre une vue à vol ...au sur Cologne. ...ant lentement sur ... entre les thermes ...ius et le zoo, il ...se parfois des nacelles à thème ou même la possibilité de s'y marier... Un moyen de transport pour le moins original !

★ Kölner Zoo B1

→ *Riehler Strasse 173*
Tél. 0221 56 79 91 00
Tlj. 9h-18h (17h nov.-fév.)
***Aquarium** Tlj. 9h-18h*

Un des plus vieux zoos d'Europe (1860), avec quelques installations d'origine, comme la maison des éléphants, ou plus récentes (le Hippodom, pour les hippopotames). Le zoo foisonne de singes, d'oiseaux, et de rares pandas roux apparaissent parfois. Musée, et en face de l'entrée, aquarium et insectarium très complets.

★ Die Flora und der Botanische Garten B1

→ *Alter Stammheimer Weg*
Tél. 0221 56 08 90
*Tlj. 8h-coucher du soleil (max. 21h) **Serres** Hiver : tlj. 10h-16h ; été : tlj. 10h-18h*

La Flora, d'abord privée, a fusionné en 1920 avec le jardin botanique. Elle réunit plus de 10 000 espèces de plantes (pour la plupart exotiques), des étangs, quatre serres tropicales, de nouvelles serres contemporaines ouvertes en 2020, une grande collection de cactées et une allée de palmiers (Palmenallee). Aussi une salle de bal, des concerts, conférences et expositions.

★ Skulpturenpark B2

→ *Riehler Strasse*
Tél. 0221 33 66 88 60
Tlj. 10h30-19h (17h oct.-mars)

Créé en 1997 à l'initiative d'un couple collectionneur, les Stoffel, ce parc de sculptures parfois monumentales présente de grands noms comme Venet, Shapiro, Flanagan, Kapoor. Les expositions sont renouvelées tous les deux ans. Un des lieux les plus inspirants et les plus inattendus de la ville ! Explications et plan à l'entrée, café au bord du Rhin.

ICE ET THALYS À LA GARE CENTRALE

À PARTIR DE 55€

Ahl Meerkatzen (C D1)
→ *Mathiasstr. 21*
Tél. 0221 397 57 90
www.novum-hotels.com
Une devanture pimpante typique de la Vieille Ville, et 38 chambres un brin sommaires mais dont certaines sont mansardées. Musées et boutiques à portée de main ! 55-135€.

Drei Könige am Dom (A B1)
→ *Marzellenstr. 58-60*
Tél. 0221 13 20 88
www.drei-koenige-hotel.de
Ultra central et proche de la gare, un hôtel aux armoires en bois vernis et moquette aux tons vifs. 62-100€, pdj compris.

Brandenburger Hof (E D4)
→ *Brandenburger Str. 2-4*
Tél. 0221 12 28 89
www.brandenburgerhof.de
Hôtel familial proche de la gare et du Rhin, aux 29 chambres agréables, dont certaines ouvrant sur le petit jardin. 70-170€.

Chelsea (D C4)
→ *Jülicher Str. 1*
Tél. 0221 20 71 50
www.hotel-chelsea.de
Sous le toit déconstructiviste (2001) d'Hartmut Gruhl, deux "maisonnettes" très lumineuses avec terrasse. À la suite de Martin Kippenberger, de nombreux artistes y ont séjourné, laissant en échange de l'hospitalité une œuvre venant enrichir la collection de l'hôtel ! 85-175€.

art'otel Cologne (C D2)
→ *Holzmarkt 4*
Tél. 0221 80 10 30
www.artotels.de
Les peintures flashy de l'artiste coréenne SEO donnent du peps à cet hôtel aux larges fenêtres ouvrant sur le Rhin. Terrasse sur le toit, sauna. 85-215€.

Cristall (E D4)
→ *Ursulaplatz 9-11*
Tél. 0221 163 00
www.boutique-designhotels.com
Aux abords de la gare, 97 chambres spacieuses, design et colorées, un *lobby* fourni de fauteuils *Egg* roses et violets, des sols en marbre noir... 70-125€.

Lyskirchen (C D1)
→ *Filzengraben 26-32*
Tél. 0221 209 70
www.hotel-lyskirchen.de
À quelques pas de l'église St. Maria in Lyskirchen, les 106 chambres au mobilier épuré de cet hôtel permettent de séjourner près du Rhin et des musées du Rheinauhafen. Piscine chauffée, sauna, garage. 70-140€.

Pension Alexander (F B5)
→ *Tempelstr. 6*
Tél. 0221 829 56 50

TRANSPORTS EN COMMUN

KVB (B D2)
→ *Glockengasse 37-39*
Tél. 0221 54 70
www.kvb.koeln
La KVB gère tous les transports en commun à Cologne. S-Bahn, U-Bahn, bus, et RE. Site Internet très pratique pour déterminer un trajet en temps réel.

U-Bahn
→ *Tlj. 4h-2h*
18 lignes desservent Cologne "Innenstadt" (intra-muros). Réseau très pratique, en extérieur et sous-terrain.

S-Bahn
→ *Lun.-ven. 24h/24, w.-e. 7h-0h30*
Trains de banlieue circulant aussi dans le centre-ville.

Bus
Réseau dense mais peu pratique. Pas de bus de nuit.

Titres de transport
→ *À l'unité : 2€ (4 stations) / 3€*
Ticket 4 trajets : 8€ (4 stations) / 12€
Ticket journée : 8,80€
Ticket semaine : 27,20€
Valables sur U-Bahn, S-Bahn et bus. Distributeurs automatiques aux arrêts et à bord (avec l'appoint). Guichets à la gare centrale **(A** C1) et à Neumarkt **(B** D4). Il faut composter son ticket à bord. Contrôles fréquents.

KölnCard
→ *9€/24h, 18€/48h*
Transports en commun illimités et réductions dans les musées.

AÉROPORT

Flughafen Köln-Bonn
→ *Tél. 0220 340 40 01*
www.koeln-bonn-airport.de
À 17 km au sud-est de Cologne.
Liaisons centre-ville
→ *www.kvb.koeln Vers Köln Hauptbahnhof, la gare centrale* (**A** C1), *Köln-Messe / Deutz* (**F** B4)
S-Bahn ligne 13
→ *Tlj. 4h-1h30 Trajet env. 15 min Tarif 3€*
Train régional RE8
→ *Tlj. 5h30-2h20 Trajet 15 min Tarif 3€*
Taxi
→ *Trajet env. 20 min Tarif env. 30€*

ACCÈS AÉROPORT ET GARES

TRAIN

De Paris-gare du Nord
Thalys (direct). Durée : 3h15. Environ 4 trains/
En Allemagne
ICE, IC, RE
→ *www.bahn.de*
Trains grande vitesse (ICE), régionaux (IC) et express (RE) pour rejoindre Aix-la-Chapelle, Düsseldorf, Bonn...
Köln Hauptbahnhof (A C1)
→ *Trankgasse 11*
La gare centrale.
Kölne-Messe / Deut (F B4)
→ *Ottoplatz 7*
Gare secondaire.

Sauf mention contraire, les prix indiqués sont ceux d'une chambre double avec sdb, sans petit déjeuner (pdj). Attention, les tarifs peuvent passer du simple au double lors des foires et salons ! Le wifi dans les chambres n'est pas systématique ; il est souvent payant.

APPARTEMENTS

Homestay Agency (B C1)
→ *Steinfelder Gasse 33*
Tél. 0221 130 69 00
www.homestay-agency.de
Agence proposant de nombreux appartements, chambres d'hôtes et B & B.
Statthaus (B C1)
→ *Steinfelder Gasse 33*
Tél. 0221 660 08 46
www.statthaus.de
8 appartements très clairs, du studio au deux-pièces en duplex, agencés dans un immeuble néogothique tout en hauteur. Au cœur du paisible quartier de la basilique Saint-Géréon. Pour 2 : env. 55€/nuit, 200€/semaine.

AUBERGES DE JEUNESSE

Station Hostel (A B1)
→ *Marzellenstr. 44-46*
Tél. 0221 912 53 01
www.hostel-cologne.de
Cent quatre-vingts lits dans cette auberge de jeunesse proche de la gare, aux chambres claires et propres, prune ou vert pistache. 59-90€ la double ; 18-26€/pers. en dortoir.
Weltempfänger (D B1)
→ *Venloerstr. 196*
Tél. 0221 99 57 99 57
www.koeln-hostel.de
Dans le quartier branché d'Ehrenfeld, au nord-ouest du centre, cet *hostel* chaleureux dispose de chambres doubles et de dortoirs de 2 à 6 lits. Bar et cuisine très cosy ! Env. 60€ la double ; 19-48€/pers. en dortoir.
Die Wohngemeinschaft (D C4)
→ *Richard-Wagner-str. 39*
Tél. 0221 98 59 30 91
www.die-wohngemeinschaft.net
Un concept amusant et original : sur le principe de la colocation (*Wohngemeinschaft*), les chambres sont décorées selon la personnalité d'un locataire imaginaire dont elles portent le nom. Dans celle de Tom, l'aventurier, on dort dans un bateau, et chez le photographe Paul, on est entouré de ses œuvres ! Situé à l'ouest du centre, près du quartier estudiantin. 60-90€ la double ; 20-45€/pers. en dortoir.
Pathpoint Cologne (E D4)
→ *Allerheiligenstr. 15*
Tél. 0221 13 05 68 60
www.pathpoint-cologne.de
À quelques enjambées c Dom, chambres et dorto de 2, 4, 6 ou 8 lits, avec sdb. On peut aussi se retrouver dans le petit jardin. 19,90€/pers.
A&O Hostel Neumark (C A1)
→ *Mauritiuswall 66*
Tél. 0221 497 06 47 00
www.aohostels.com
Une grande auberge de jeunesse, basique, près du quartier étudiant. Chambres familiales. 50-80€ la double ; 25-30€/pers. en dortoir.
Jugendherberge Köln-Deutz (F B5)
→ *Siegesstr. 5*
Tél. 0221 81 47 11
www.koeln-deutz.jugendherberge.de
Dans le quartier de Deutz la solution idéale pour le groupes. Immense mais.. sans grand charme. 80-106€ la double ou 35€/pers. en dortoir, petit déjeuner inclus.

Vivre à l'heure de Cologne !

10 bonnes idées pour découvrir Cologne autrement !

Fêter le carnaval
"Kölle Alaaf !" ("Cologne avant tout !") Ce cri retentit dès le 11 novembre à 11h11 pour lancer les préparatifs du carnaval. Ensuite, durant les six jours précédant le mardi gras, toute la ville se consacre à la fête. Les bars affichent complet et les bureaux sont un peu déserts en cette période... Les moments forts ? Le jeudi, quand les femmes coupent les cravates des hommes qu'elles croisent ; le lundi des Roses (*Rosenmontag*) avec la parade des chars officiels, qui part de Chlodwigplatz (**C** D4), et le mardi, jour où l'on brûle le *Nubbel* de paille. Déguisement obligatoire !
→ *Costumes chez Entlarvt* (**D** D5) *et au Kaufhof* (**A** B4)

Devenir un habitué des *Kaffee und Kuchen*
Ces salons de thé toujours cosy raviront les gourmands : *smoothies*, *latte* et gâteaux au chocolat, tous plus appétissants les uns que les autres ! On s'y rend dès le matin pour dévorer un copieux *Frühstück* (petit déjeuner) ou se sustenter de petits plats à toute heure. En hiver, certaines terrasses sont même équipées de couvertures !
→ *Petit déjeuner au Café Walter* (**C** D3)

Assister aux répétitions de la Philharmonie
La Philharmonie (**A** C2) de Cologne joue durant le "Philharmonie Lunch" un morceau classique de trente minutes que le public peut venir écouter gratuitement. Un bon moyen pour découvrir cette salle magnifique, ainsi qu'un extrait de concerto commenté en direct par le chef d'orchestre.
→ *Tous les jeu. à 12h30*

Se promener sur et le long du Rhin
La balade indispensable pour saisir tout le charme de Cologne se fait en bateau sur le Rhin, d'où l'on découvre les deux versants de la ville. Les monuments de l'Altstadt (**A**) donnent à la rive sa si jolie silhouette que l'on peut aussi contempler en traversant à pied ou à vélo le pont Hohenzollern (**F** A4). À moins de préférer se délasser sur les plages artificielles du quartier de Deutz (**F**) et le long du Rheinpark (**F** B3).
→ *Dampfschiffahrt Colonia ; voir page Bienvenue à Cologne !*

Découvrir l'architecture
Depuis les années 1950, reconstruire Cologne a constitué un véritable défi ; et si les bâtiments des années 1960 ne plairont pas à tous, murailles romaines et médiévales,

COLOGNE BEACH CLUB KM 689

CAFÉ REICHARD

CARNAVAL

HOHENZOLLERNBRÜCKE

églises romanes et façades du XIXe s. séduiront la majorité. La ville continue de voir émerger çà et là des chefs-d'œuvre d'architecture, que ce soit sur le Rheinauhafen (**C** E2) ou encore en son cœur, avec la Weltstadthaus en verre de Renzo Piano – surnommé la "Baleine" (*Walfisch*) – dans la Schildergasse (**A** A4).

Faire du shopping dans le quartier Belge

Pour dénicher les marques branchées de Cologne, il faut suivre les rues du quartier Belge (**D**). On pousse les portes des boutiques de créateurs et voilà des vêtements d'inspiration vintage ou avant-garde issus de leur imagination débordante !

→ *S'habiller rétro chez Magasin Populaire* (**D** C3)

Se laisser charmer par les sept marchés de Noël de la ville

Ce n'est pas un, mais sept marchés de Noël qui enchantent Cologne en décembre ! Sous les illuminations de la cathédrale ou sur le Rheinauhafen, chacun a sa particularité (marin, féerique, traditionnel...). On se réchauffe avec du *Glühwein* (vin chaud) en faisant le plein d'objets d'artisanat originaux. On peut aussi suivre le chemin des crèches, on en compte plus de cent en ville !

→ *Plan des marchés de Noël : voir page Transports et hôtels*

Boire une *Kölsch* dans un *Biergarten*

Pour apprécier à sa juste valeur la *Kölsch*, bière blonde locale, et entendre un peu de dialecte, il faut franchir le seuil d'un des nombreux *Biergarten* et se mêler aux conversations. Attention, les serveurs remplissent les bocks dès qu'ils sont vides : pour ne plus être servi, les coiffer de son dessous de verre.

→ *Dans la Südstadt au Hellers Volksgarten* (**C** B4)

Écouter les orgues de la cathédrale

Le Dom de Cologne se contemple certes, mais il s'écoute aussi ! Deux orgues au timbre particulier et une acoustique optimale sont les garants d'une expérience musicale unique.

→ *Concerts gratuits Mi-juin-début sep. : mar. 20h-21h*

Sortir jusqu'au bout de la nuit

Première ville étudiante d'Allemagne, Cologne dispose d'un bel arsenal de bars et de clubs. Du "quartier Latin" (près de l'université) à Ehrenfeld, la vie nocturne est riche en possibilités. Les rencontres sont faciles et les concerts nombreux. La communauté gay trouve son bonheur aux abords de Rudolfplatz (**D** D4). Ambiance festive assurée !

→ *Entre étudiants au Diamonds Club* (**B** A1), *plus jazzy au Stadtgarten* (**D** C2)

MARCHÉ DE NOËL

... ET MÊME LE DIMANCHE !

Marchés aux puces

L'occasion d'une flânerie... L'un d'eux, **Flohmarkt Altstadt**, se tient un dimanche par mois, entre le pont Hohenzollern et Bastei (**F** A4-A3).

→ *Dates et autres marchés aux puces : www.koeln.de ou www.coelln-konzept.de*

Concerts classiques

Il se passe toujours quelque chose à la **Philharmonie** (**A** C2) le dimanche ! Jusqu'à trois concerts, dont un très souvent à 11h.

→ *www.koelner-philharmonie.de*

Bains de soleil

Une belle promenade s'étend entre les ponts Hohenzollern et de Deutz (**F** A4-A5). On y prend le soleil l'après-midi en contemplant la Vieille Ville.

Musées

Tous, ou presque, sont ouverts le dimanche !

Balade bucolique

Aux beaux jours, la roseraie du **Fort X** (**E** E1) est l'idyllique but des sorties dominicales...

Et toujours...

... les *Biergarten*, véritables lieux de vie dès que pointe le soleil, surtout le dimanche ! Avec des concerts en prime au **Stadtgarten** (**D** C2).

Transports et hôtels à Cologne

:AHN SUR LA RUDOLFPLATZ

TAXI DEVANT LE DOM

ÉLO PRÈS DE L'UNIVERSITÉ

AÉROPORT DE COLOGNE ET BONN

ıu passé de mode. mense *lobby* sous rrière, piscine, piano ır... et une vue ıprenable sur le fleuve. 5-190€.

ıllman (B C2)
Helenenstr. 14
'. 0221 275 22 00
ww.pullmanhotels.com
us de 280 chambres ıx tons beiges et ɔurpres, et un lounge ır digne de *Lost in ınslation*. À 5 min du ıntre historique. 125-ɔo€.

otel im Wasserturm
: B1)
Kaygasse 2
l. 0221 200 80
ww.hotel-im-wasserturm.de
3 chambres aménagées ır Andrée Putman dans ı château d'eau de la fin u XIXe s. ! Et aussi un staurant au dernier :age offrant un panorama ıagnifique sur la ville. ı0-240€.

Insel (F B4)
→ *Constantinstr. 96*
Tél. 0221 880 34 50
www.insel-hotel-koeln.de
Moquette mouchetée et rideaux à rayures gais : cet hôtel assez classique, propre et bien géré, s'avère utile pour les participants aux foires. 119-160€.

Hopper Hotel St. Josef (C D3)
→ *Dreikönigenstr. 1-3*
Tél. 0221 99 80 00
www.hopper.de
Têtes de lits en bois, parquet blond, couettes blanches, baies vitrées, chambres mansardées... quand le design se mêle de charme ! Dans la quiétude des bords du Rhin, non loin des Kranhaüser, 65 chambres, dont certaines rehaussées d'une sculpture contemporaine. 120-200€.

Günnewig Hotel Stadtpalais (F C5)
→ *Deutz-Kalker-Str. 52*
Tél. 0221 88 04 20
www.hotelstadtpalais.de
Voisin du stade Lanxess-Arena, cet hôtel, qui mêle à merveille les architectures ancienne et moderne, abrite un spa ainsi qu'un "Bio-bar", 113 chambres et 2 suites. Un hôtel de grand standing au personnel très serviable. 113-220€.

PALACE

Excelsior Hotel Ernst (A B2)
→ *Trankgasse 1-5*
Tél. 0221 27 01
www.excelsiorhotelernst.com
Face à la cathédrale, tout le luxe d'un palace. Dessus-de-lit damassés, moquette épaisse, linge écru, sdb en marbre... Restaurants et piano bar. 200-300€.

PIÉTONS

Les piétons sont très respectés par les automobilistes. En revanche, ils doivent se plier au code de la route (amendes possibles) et faire attention aux cyclistes !

TAXI

Taxi-Ruf
→ *Stations à la gare centrale et sur les grandes places*
Tél. 0221 28 82
Tarif moyen d'un trajet en centre-ville : 10-15€. Prise en charge : 3,50€, puis entre 1,70€ (trajet de plus de 7 km) et 1,90€/km. Supplément de 1€ pour les paiements en CB.

VOITURE

Circulation
→ *www.stadt-koeln.de*
La ville a décidé de restreindre la circulation des voitures. Seuls les véhicules peu polluants sont autorisés à pénétrer dans l'Umweltzone ("zone à faibles émissions", soit tout le centre-ville). Les formulaires d'autorisation et le plan de la zone sont disponibles en ligne.

Stationnement
Places de stationnement payantes en centre-ville.
→ *1,80-2,80€/h*

Parkings
→ *www.koeln.de/apps/parken*

LVR **(F** B4)
→ *Hermann-Pünder-Str 1 Tlj. 24h/24 1,70€/h ; 17€/j.*

Brückenstrasse **(B** F3)
→ *Ludwigstr. 4 Tlj. 24h/24 2,20€/h ; 22€/j.*

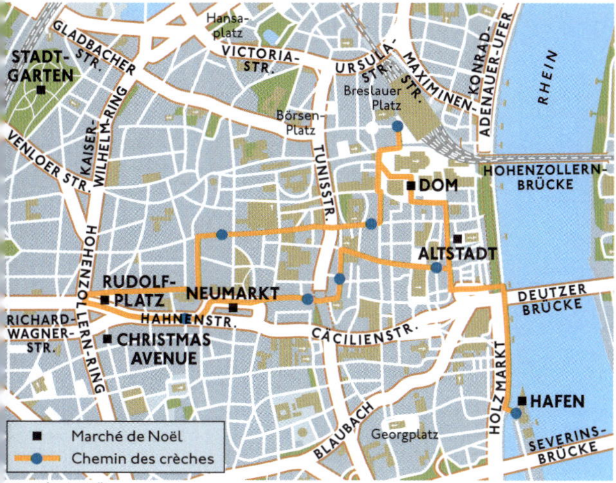

ARCHÉS DE NOËL

VÉLO

Nombreuses pistes cyclables.

Location

Radstation (A C1)
→ *Breslauer Platz*
Lun.-ven. 5h30-22h30, w.-e. 6h30 (8h dim.)-20h
www.radstationkoeln.de
Tarif 6€/3h, 12€/j. Vélos électriques : 10€/3h, 25€/j. Aussi : parking à vélo (1€/j. ; 9€/mois) et réparations
Visites guidées 22,50€/3h (vélo inclus).

Colonia Aktiv (E D3)
→ *Gereonswall 2-4 Tlj. 10h-18h de préférence sur rés. www.colonia-aktiv.de Tarif 15€/j.*
Visites guidées thématiques 33€/3h.

www.hotel-pension-alexander.de
Petit hôtel assez classique près du Rhin, du côté de Deutz, avec 8 chambres claires parquetées. 85-90€.

À PARTIR DE 90€

Esplanade (D D5)
→ *Hohenstaufenring 56*
Tél. 0221 921 55 70
www.hotelesplanade.de
Plusieurs des 32 chambres de cet hôtel du quartier Belge offrent une vue sur la cathédrale, malgré la position légèrement excentrée. 90-135€.

Hotel Imperial (D A2)
→ *Barthelstr. 93*
Tél. 0221 820 07 40
www.hotel-imperial.de
37 chambres lumineuses dans cet hôtel d'Ehrenfeld à l'aménagement sobre. Après une journée de visites, on pourra se détendre au sauna. Garage. 95-289€.

Mauritius Hotel & Therme (C A1)
→ *Mauritiuskirchplatz 3-11*
Tél. 0221 92 41 30
www.mauritius-ht.de
Le lieu rêvé pour se relaxer, avec son petit complexe thermal ! Chambres aux couleurs vives ou apaisantes. Garage. 100-180€.

Hotel Viktoria (F A2)
→ *Worringer Str. 23*
Tél. 0221 973 17 20
www.hotelviktoria.de
Proche du zoo et du jardin botanique, un hôtel aménagé dans le bâtiment d'un ancien musée de la musique. Quelques œuvres de l'époque ornent les murs des 47 chambres. Aussi 4 appartements à la déco Art nouveau. 100-125€.

Steigenberger (D D4)
→ *Habsburgerring 9-13*
Tél. 0221 22 80
www.steigenberger.com
Sur la Rudolfplatz, un hôtel version XXL. 305 chambres, sauna, terrasse... Le personnel est vraiment serviable. Attention, mieux vaut éviter les chambres sur rue. 100-160€.

The New-Yorker (F D2)
→ *Deutz-Mülheimer-Str. 204*
Tél. 0221 473 30
www.thenewyorker.de
Pratique pour assister aux foires, un hôtel de 40 chambres, mode et aux couleurs acidulées. 106-139€.

CityClass Hotel Residence am Dom (A C3)
→ *Alter Markt 55*
Tél. 0221 920 19 80
www.cityclass.de
À l'entrée de la zone piétonne, 58 chambres à la literie douillette mais à la déco passe-partout.
85-125€.

À PARTIR DE 120 €

Hotel Santo (E D3)
→ *Dagobertstr. 22-26*
Tél. 0221 913 97 70
www.hotelsanto.de
Situé un peu au nord du centre historique, cet hôtel de 69 chambres a opté pour des matériaux lisses et non allergènes ! Décoration design réussie et personnel avenant. 119-139€, petit déjeuner compris.

Astor & Aparthotel (B A2)
→ *Friesenwall 68-72*
Tél. 0221 20 71 10
www.hotelastor.de
Dans le Friesenviertel, le quartier élégant des galeries et des magasins chics, un hôtel au très bon confort. 120-170€.

Hotel Maritim (A C4)
→ *Heumarkt 20*
Tél. 0221 202 70
www.maritim.de
Un hôtel luxueux mais un

Les échappées

DÜSSELDORF

AACHEN

À 1 ou 2 heures de Cologne, balades et bonnes adresses !

Brühl
→ *À 20 km au sud En train express (RE) Trajet 15 min* ***Château*** *Tél. 0223 24 40 00 Fév.-nov. : mar.-ven. 9h-12h, 13h30-16h ; w.-e. 10h-17h* ***Max Ernst Museum*** *Max-Ernst-Allee 1 Mar.-dim. 11h-18h www.maxernstmuseum.lvr.de*
Superbe château rococo (XVIIIe s.) et son pavillon de chasse, classés au patrimoine mondial par l'Unesco. Au Max Ernst Museum, photos, collages, sculptures et peintures du célèbre artiste né à Brühl.

DeliDeux
→ *Tél. 0223 257 97 47*
Mar.-dim. 9h30-18h
Le café du musée Max-Ernst, que l'on appréciera pour ses petits plats et ses gâteaux. Plat 6,50-12,50€.

Bonn
→ *À 30 km au sud En train grande vitesse (ICE) ou express (RE) Trajet 20 min* ***Bundeskunsthalle*** *Helmut-Kohl-Allee 4 Tél. 0228 917 12 00 Mar.-dim. 10h-21h (19h jeu.-dim.)* ***Kunstmuseum Bonn*** *Helmut-Kohl-Allee 2 Tél. 0228 77 62 60 Mar.-dim. 11h-18h (21h mer.)*
Dans l'ancienne capitale de la RFA, pas moins d'une trentaine de musées. Prestigieuses expositions d'art, d'histoire, de sciences et techniques à la Bundeskunsthalle, art allemand du XXe s. au Kunstmuseum Bonn… Au fil de la balade dans le centre-ville piétonnier, on découvre aussi la maison natale de Beethoven !

Café Kunstmuseum
→ *Helmut-Kohl-Allee 2*
Tél. 0228 23 00 59
Mar.-dim. 10h-17h
Au café du musée d'art, de sympathiques assiettes et une belle terrasse. Plat 10-13€.

Freilichtmuseum / Lindlar
→ *À 35 km à l'est En tram ligne 1 de Köln Heumarkt jusqu'à Bensberg, puis car n° 421 jusqu'à Lindlar Lingenbach Trajet 1h15 Tél. 0226 69 01 00 Mar.-dim. 10h-16h (18h mars-oct.)*
Au cœur du Bergische Land, région de douces collines à l'est de Cologne, ce musée de plein air révèle un mode de vie disparu : habitat traditionnel, outils et démonstrations régulières des activités et métiers artisanaux d'autrefois.

Museumsrestaurant Naumanns im Lingenbacher Hof
→ *Tél. 0226 646 42 80*
Mars-oct. : mar.-dim. 11h-18h
Dans le café du Freilichtmuseum, on sert l*a* *Bergische Kaffeetafel*, spécialité de la région à déguster l'après-midi : gaufres à la compote de cerises chaude, saucisses café, pain gris et sirop de pomme. Plat 10-16€.

Altenberger Dom
→ *À 22 km au nord-est En trai[n] jusqu'à Leverkusen-Schlebusch, puis bus 212 jusqu'à Odenthal-Altenberg Tlj. 8h-18h www.odenthal-altenberg.de*
Cette église (dite "cathédrale") est celle de l'ancienne abbaye cistercienne d'Altenberg. Avec sa nef de 120 m de long, elle rivalise en taille

ONN

LES ÉCHAPPÉES

ıvec la cathédrale de
:ologne, dont elle est
ontemporaine (XIIIe s.).
ıprès la visite, ne pas
ésister à l'appel des forêts
ılentour.

ltenberger Hof /)denthal-Altenberg

→ Fugen-Heinen-Platz 7
él. 0217 449 70 Tlj. 12h-21h
In restaurant traditionnel
u *Biergarten* renommé.
'lat 17-35€.

üsseldorf

→ À 45 km au nord En train
xpress (RE) Trajet 20 min
'20 Grabbepl. 5 www.
unstsammlung.de
'21 Ständehausstr.
Tél. 0211 83 81 204 Mar.-
im. 10h (11h w.-e.)-18h
ans la Vieille Ville de
üsseldorf, pléthore de
ars et de bistrots. Sans
ublier la richesse des
ıusées K20 et K21, qui
britent des collections
d'art du XXe s. et du XXIe s. À voir : les œuvres de Klee, de Beuys, et l'installation de Tomás Saraceno, *In orbit*, pour marcher dans les airs.

Im Goldenen Ring

→ Burgplatz 21
Tél. 0211 200 51 45
Sam.-jeu. 10h30-0h (1h w.-e.)
Cette vaste brasserie se prolonge par une terrasse sur la place, en bordure du Rhin. Plat 13-32€.

Museum Insel Hombroich / Neuss

→ Minkel 2 À 40 km au nord-ouest En train S11 jusqu'à Neuss-Süd, puis bus nº 869 (arrêt Insel Hombroich) Trajet 40 min Avr.-sep. : tlj. 10h-19h ; oct.-mars : tlj. 10h-17h
Ce parc-musée unique égrène de petits pavillons où se dévoile la riche collection de Karl-Heinrich Müller (Klimt, Matisse, Calder, etc.). Dans son atelier, le sculpteur Anatole travaille en public. Et au centre du site, un havre où se restaurer : le pique-nique (pain noir, pommes de terre, confiture de prunes...) est inclus dans le prix d'entrée (15-20€) !

Aachen

→ À 75 km à l'ouest En train express (RE) Trajet 1h
***Cathédrale** Tlj. 7h-19h (18h jan.-mars) **Trésor** Lun. 10h-14h, mar.-dim. 10-18h (17h jan.-mars)*
Somptueuse, la cathédrale de Charlemagne, inscrite au patrimoine mondial par l'Unesco, fut de 936 à 1531 l'église du couronnement des rois de l'Empire romain germanique. En témoigne aussi son splendide trésor, l'un des plus importants d'Europe.

Restaurant Ratskeller

→ Markt 40 Tél. 0241 350 01
Tlj. 12h-15h, 18h-22h
Une adresse élégante dans l'hôtel de ville, en partie du XIVe s. Plat 10-20€.

Rurtalsperre

→ À 70 km au sud-ouest En train via Düren Trajet 1h20
Créé par le barrage de la Roer (Rur), le deuxième plus grand lac artificiel d'Allemagne accueille les amateurs de voile. Tout autour, belles forêts où randonner, au cœur du parc national de l'Eifel.

Flammkuchenburg / Heimbach

→ Hengebachstr. 48
Tél. 0244 62 20 99 54
Mer.-dim. 11h-20h
Pour se restaurer dans la cour idyllique du château de Heimbach, au-dessus de la ville et du barrage. Plat 6-20€.

Köln
Cologne

Schienennetz
Rail services

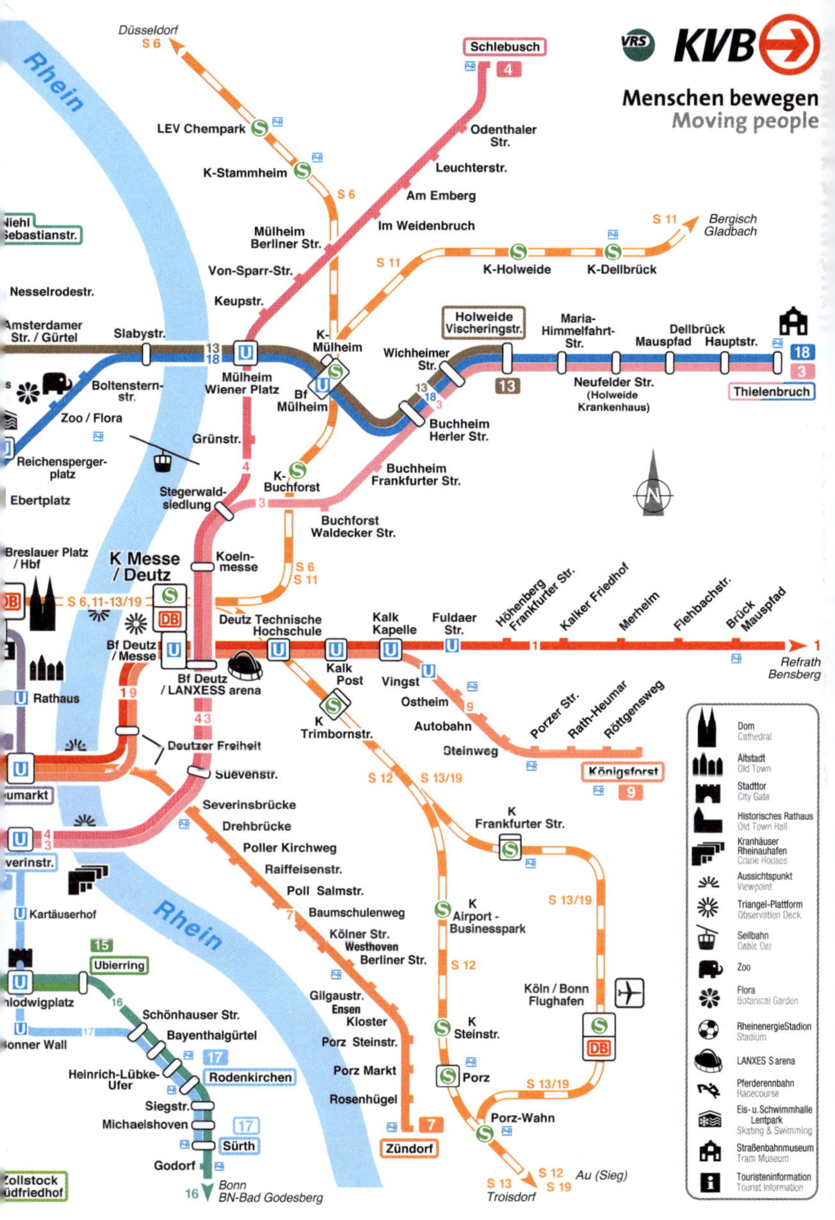
VRS
KVB
Menschen bewegen
Moving people
Rhein
Düsseldorf
S 6
Schlebusch
4
LEV Chempark
K-Stammheim
Odenthaler Str.
Leuchterstr.
Am Emberg
Im Weidenbruch
Mülheim Berliner Str.
Von-Sparr-Str.
Keupstr.
S 11
Bergisch Gladbach
K-Holweide
K-Dellbrück
Niehl Sebastianstr.
Nesselrodestr.
Amsterdamer Str. / Gürtel
Slabystr.
13
18
Mülheim Wiener Platz
K-Mülheim
Bf Mülheim
Holweide Vischeringstr.
Maria-Himmelfahrt-Str.
Mauspfad
Dellbrück Hauptstr.
3
Wichheimer Str.
Neufelder Str. (Holweide Krankenhaus)
Thielenbruch
Boltensternstr.
Zoo / Flora
Grünstr.
Buchheim Herler Str.
Reichensperger-platz
Buchheim Frankfurter Str.
K-Buchforst
Ebertplatz
Stegerwald-siedlung
Buchforst Waldecker Str.
Breslauer Platz / Hbf
K Messe / Deutz
Koelnmesse
S 6
S 11
DB
S 6,11-13/19
Deutz Technische Hochschule
Kalk Kapelle
Fuldaer Str.
Höhenberg Frankfurter Str.
Kalker Friedhof
Merheim
Flehbachstr.
Brück Mauspfad
1
Refrath Bensberg
Bf Deutz / Messe
Bf Deutz / LANXESS arena
Kalk Post
Vingst
Ostheim
Autobahn
Steinweg
9
Porzer Str.
Rath-Heumar
Röttgensweg
Königsforst
Rathaus
19
K Trimbornstr.
Deutzer Freiheit
Suevenstr.
S 12
S 13/19
Heumarkt
Severinsbrücke
Drehbrücke
Poller Kirchweg
Raiffeisenstr.
Poll Salmstr.
Baumschulenweg
Kölner Str.
Westhoven Berliner Str.
Gilgaustr.
Ensen Kloster
Porz Steinstr.
Porz Markt
Rosenhügel
Zündorf
7
Severinstr.
Kartäuserhof
K Frankfurter Str.
K Airport-Businesspark
S 12
Köln / Bonn Flughafen
K Steinstr.
Porz
Porz-Wahn
S 12
S 19
Au (Sieg)
S 13
Troisdorf
15
Ubierring
Chlodwigplatz
16
17
Bonner Wall
Schönhauser Str.
Bayenthalgürtel
Heinrich-Lübke-Ufer
Rodenkirchen
Siegstr.
Michaelshoven
Sürth
Godorf
Zollstock Südfriedhof
Bonn BN-Bad Godesberg
Dom Cathedral
Altstadt Old Town
Stadttor City Gate
Historisches Rathaus Old Town Hall
Kranhäuser Rheinauhafen Crane Houses
Aussichtspunkt Viewpoint
Triangel-Plattform Observation Deck
Seilbahn Cable Car
Zoo
Flora Botanical Garden
RheinenergieStadion Stadium
LANXES S arena
Pferderennbahn Racecourse
Eis- u. Schwimmhalle Lentpark Skating & Swimming
Straßenbahnmuseum Tram Museum
Touristeninformation Tourist Information

Les noms de rues et de lieux de visite, classés par ordre alphabétique, sont suivis d'un carroyage, dont la lettre en gras **A, B, C...** indique le quartier et la carte correspondante. L'étoile ✪ renvoie à la page "Les incontournables" en début d'ouvrage.

Rues